財務会計論

瀧田 輝己

Financial Accouting Theory

税務経理協会

序

　本書は，前著『体系監査論』（中央経済社刊）と同様，これまで公表してきた財務会計の構造に関する論文等に大幅な加筆修正を施して一つの体系にまとめたものである。したがって，財務会計に関する私の研究の集大成であると考えている。

　財務会計は，企業資本およびその増減を調達（ないし調達源泉）面と運用（ないし運用形態）面という二面に分けて，両者を一対として認識する会計である。また，財務会計は，貨幣数値を使って収支（すなわち現金の増減）と損益（すなわち資本の増減）という二元的計算を一体として行う会計である。さらに，財務会計は，「勘定」における借方と貸方という二辺を用いて記録・計算をするという種類の会計である。

　会計の機能（会計情報の利用者側から見た場合の会計の意義），あるいは会計の目的（会計情報の作成者側から見た場合の会計の意義）を理解するためには，もともと会計が企業資本の増減運動を以上のように記録・計算する装置であるということを再確認する必要があり，そのための基礎理論を顧みることが不可欠の要件となる。

　本書では，財務会計の基礎理論を構成する概念として「企業資本」ならびにその「循環プロセス」，「二面的認識」，「勘定」，「利益計算原理」，「動態論」，「発生主義」を取り上げ，財務会計の構造についての体系化を試みている。

　かつて，わが国において，簿記と会計の関係を「器」と「中身」の関係であると論じられたことがある。「器」は利用者の求めに応じて変形することのない枠組みであり，中身は利用目的や利用者の要求次第で内容が変わると主張された。

　また，海外に目を転ずると，1960年代から1970年代前半は，科学方法論，あるいは情報に関する一般理論が科学としての会計学の発展に大きく影響を与え

1

た時代であった。会計のプロセスを大きく,「測定」と「伝達」の二つのプロセスに区分し,会計情報の作成までを「測定」の領域の問題とし,会計の産出物（会計情報）とその利用者との間のさまざまな問題を「伝達」の問題として,それまでは,ややともすると規範論的な研究が多かった会計学が科学的に語られるようになった。

　この時代は,間違いなく,会計学にとっての一つのエポックであったといえる。米国会計学会のASOBAT（A Statement Of Basic Accounting Theory）をはじめとして,米国のスターリング（R. R. Sterling）,カナダのマテシッチ（R. Mattessich）,オーストラリアのチェンバース（R. J. Chambers）,それに米国のイジリ（Y. Ijiri）など,その後の会計学を飛躍的に発展させる理論研究の成果が綺羅星のごとく発表され,国を超えて活発に議論された比類なき時代であった。

　再び国内に目を向けると,会計を技術的側面と歴史的側面とに二分したわが国の先達に思いが至る。一方の技術的側面とは,いつの時代にも,またどのような社会においても変わることのない会計固有の属性である。他方の歴史的側面は,時代の要請,あるいはその社会の要請に応えるために会計が変容してきた（あるいは変容する可能性のある）側面である。この二つの側面を峻別することによって,例えば,会計主体としての企業実体を計算構造的な概念として扱うか,あるいはある種の価値判断やイデオロギーを含めて企業をとらえるときの「企業観」として扱うのか,その違いをわれわれに教示したのである。

　私は,本書において,会計の「器」としての属性,「測定」の領域,「技術的」側面を総称して,会計の「構造」と名づけることにした。そして,会計の「中身」としての属性,「伝達」の領域,「歴史的」側面を会計の「機能」と呼ぶことにした。

　この区別によって,理論研究,規範研究,あるいはまた実証研究など,科学方法論や研究に用いるツールの如何を問わず,対象としている事象が会計のしくみに関する事柄であれば,それは構造論の領域にあり,会計と人との間の関

係についての事柄であれば，それは機能論の領域にあると考えることができるからである。換言すれば，機械的な認識および記録・計算の規則を説くときは構造論であり，制度的な認識および表示・開示の規則を語るときには機能論であると意識することができ，さらに言い換えれば，時代の要請，社会の要請からは中立な属性を扱う議論であれば構造論であり，意識的，無意識的のいずれであっても社会の要請等が組み込まれた論述であれば機能論であると分類できるからである。本書では，こうした分類に基づき，財務会計の構造を以下のような順序で考察していく。

　まず，第1章において，財務会計の前提条件，記録・計算の構造，および簿記の種類を説明する。財務会計と複式簿記は切り離せない関係にある。というよりは複式簿記は財務会計の一部であるという考えのもとに，財務会計の前提条件である会計公準を説明する。続いて，勘定形式による記録・計算の原理を明らかにする。

　第2章および第3章では，財務会計の認識構造である二面性（duality）を取り上げる。運用面と調達面を一対として経済事象を認識するときの二面的認識，勘定における加減計算のための「借方」と「貸方」という二辺，収支計算と損益計算を一体としてする計算するときの二元的計算，加えて「交換」取引の場合に分解される「出」と「入」の二つの流れなど，さまざまな次元の二項関係が多重的に絡み合った二面性（duality）概念ないし「複式」の意味を解きほぐしていく。

　第3章に続いて第4章および第5章では，二面性概念の検討の延長として貸借対照表を残高表（勘定）と考える立場と均衡表と考える立場に分けて，それぞれの立場からの「純資産」についての考え方を比較する。

　第6章では，企業資本の循環プロセスに即した企業資本の分類を扱う。最初に，企業資本の循環プロセスを営業循環プロセス，内部投資循環プロセスおよび外部投資循環プロセスに分け，それぞれのプロセスをさらに投下過程と回収過程に分ける。そのうえで，経営者の意思決定である企業活動とそれぞれのプロセスとの結びつきを説明し，どのプロセスに投下され，そのプロセスのどの

過程に位置するかの違いによって企業資本の分類および測定はなされるということをみていく。

　第7章において，財務会計では，二つの利益計算の原理，すなわち損益法と財産法が併用されることを述べ，説例を用いて，一面的認識構造の単式簿記の場合の利益計算と，二面的認識構造の複式簿記による利益計算を示す。なお，ここでは，本来の財産法と算式上の財産法の区別も併せて主張する。

　第8章では，損益法による利益計算は損益計算書（期間の計算書）によって行われ，財産法による利益計算は貸借対照表（時点の計算書）によって行われるという一般的な考えに対して，計算構造上は貸借対照表項目も損益計算書項目も同型であり，また，期間も時点もそれぞれの幅を考えることにより，両者を区別することは，見かけから受ける印象ほどには意味をもたないと批判する。

　第9章は，動態論ないし動的貸借対照表を扱う。「動態論は企業資本の循環プロセスに即して，全体損益計算における一致の原則の枠内で，発生主義による期間損益計算を適正に行うための会計理論であり，収支計算と損益計算の期間的なズレに焦点を当てた理論体系である」と位置づける。その観点から財務諸表上の各項目の動態論的構造を導くための論理の体系を抽出する。ここで財務会計の動態論的構造を導くための論理の体系を動態論的構造化規則と名づける。

　第10章では，第9章において抽出した動態論的構造化規則に則って導かれた動態論的構造の次元で，財務諸表項目の勘定記入例を考察し，その勘定記入例から誘導して，過去収支計算書と未来収支計算書，過去損益計算書と未来損益計算書を作成する手続きを明示する。動態論会計では損益計算に重きをおいているが，他方の収支計算に目を向けると，資産の増減および負債の増減ついて，キャッシュフロー計算書と過去収支計算書では同じように説明することができることも確認する。

　第11章において，資産の統一的把握についての諸説を再検討する。資産の動態論的構造を表す「未収入」は企業資本が回収過程に移行した後の未収入であり，その回収は狭く「現金」（現金同等物ではなく）による回収を意味してい

ることを指摘する。他方，資産性を考えるときの「将来のキャッシュインフロー」は現金同等物も含む概念であり，さらに，このときの資産についてのとらえ方は，回収過程に移行する前の投下過程にあることを想定したものであると指摘し，両者の違いを明らかにする。

　第12章では，実現概念の拡大および現金同等物の拡大についての動態論的構造を明らかにする。実現概念の拡大は現金同等物の拡大をもたらすが，現金同等物の拡大は動態論的な「解決」の早期化をもたらさないと結論づけている。

　動態論ではあくまでも一致の原則の枠内での収支計算・損益計算が想定されているので，現金同等物（例えば，売上債権）といえども，貸借対照表に記載されている以上は，依然として未解決項目とされるからである。

　第13章では，「財務諸表の意味づけ」を考える。すでに第9章で展開された体系的な論理（動態論的構造化規則）に従って導かれた動態論的構造を出発点にして，現実の世界と結びつける。結びつけるときの論理の体系を意味構造規則と呼ぶことにし，説例として建物と減価償却を取り上げて，この意味構造規則に則ってそれぞれの動態論的な意味づけを示す。

　実務上，投資家等が意思決定のために財務諸表を分析するときに，財務諸表を表層的に解釈しようとする傾向にあることは否定できない。しかしながら，投資家等によるこのような利用のされ方を強調するあまり，それに対する適合性を意識しすぎて，財務諸表上に記載された項目をそれが指示する事象の「現在の存在」と結びつけるような意味づけは会計の自己否定に繋がる恐れがあろう。貸借対照表上の記載内容を表層的に解釈するということであれば，実地棚卸を基にした財産目録の方が，皮肉なことに，目的によりよく適合する場合も十分予想されるからである。

　確かに，制度として行われている財務会計のもとでは，財務諸表の現実の利用のされ方があらかじめ考慮されて，その利用のされ方に適合するように財務諸表作成のためのルールが用意されている。しかし，その場合でも，もともと財務会計は「単一の多目的会計」として制度化されているのである。公表され

る財務諸表は，ひとり投資家の利用目的に偏向したものではなく，各種の利害関係者の関心に応えるべく多目的的に利用されることが予定されているはずである。

　加えて，財務会計は，本来大規模化した企業の利害関係者に対する情報の提供だけを目的とするものではないということも忘れてはならない。会計はあらゆる企業にとって必要なものでなければならないはずである。大規模企業にのみ必要とされるような会計は，しょせん特殊会計といわざるを得ないのである。

　小著において時代を超えて，あらゆる社会においても不変であり，そしてまた，いかなる規模の企業に対しても普遍的に当てはまる会計の構造を浮き彫りにしようと試みた次第である。

　機能論重視の流れは，「会計のことは会計に訊け」という先人の残した換骨奪胎への戒めをはかない流木として聞き流すのか，はたまた，それを「会計を会計たらしめている固有のものは何か」という源流を振り返るための砂防壁にして立ち止まるのか，いずれにしても，この小著がそのことを読者諸賢の心に留めていただく契機になれば幸いである。

　今回，ささやかながら本書を纏めることができたのは，税務経理協会常務取締役の大坪克行氏のおかげである。企画の段階で，すでに市場性がないと予想しえたはずであるが，快く出版を引き受けてくださった。心より感謝申し上げる次第である。

　校正の作業にはいってから後に，かなりの修正加筆をしたにもかかわらず，気持ちよく，編集・校正に全力で当たってくださった日野西資延氏にお礼を申し上げなければならない。氏には編集・校正だけでなく，製本・装丁に至るまで，親身になってご尽力いただいた。記して感謝の意を表したい。

　吾もまた周公を見ず月の雲

2015年　初秋　比叡平にて
瀧田輝己（不羈）

目　　次

序

第1章　財務会計の基礎

I　財務会計の前提 …………………………………………………… 1
II　財務会計の基礎としての複式簿記 …………………………… 4
III　財務会計における計算規則 …………………………………… 7
IV　財務会計における記録規則 …………………………………… 12

第2章　財務会計における認識構造

I　財務会計における認識構造としての二面性（duality）……… 17
II　運用面と調達面のそれぞれの分類 …………………………… 20
III　調達面（ないし源泉面）の分類 ……………………………… 21
IV　企業資本の運用面での分類 …………………………………… 25
V　企業資本の構成要素 …………………………………………… 26

第3章　取引の二面的認識

I　企業資本の増減の二面的認識 ………………………………… 31
II　財務会計における一面的認識と二面的認識 ………………… 32
III　交　　換 ………………………………………………………… 36

第4章　二面的認識と貸借対照表(1)

- I　「純資産」に関する諸説 …………………………………………… 41
- II　貸借対照表を勘定と理解する立場 ………………………………… 42
- III　貸借対照表を均衡表として理解する立場 ………………………… 48

第5章　二面的認識と貸借対照表(2)

- I　貸借の間に対応関係を認めない場合 ……………………………… 57
- II　運用形態＝調達源泉と考える立場 ………………………………… 62
- III　「純資産」の二面的認識構造のまとめ …………………………… 65

第6章　企業資本循環プロセスと企業資本の区分

- I　企業資本の自己増殖運動 …………………………………………… 69
- II　企業資本循環プロセスと企業活動 ………………………………… 70
- III　外部投資循環プロセスにおける企業資本の区分 ………………… 75
- IV　企業資本循環プロセスの種類と長期・短期の区分 ……………… 78
- V　評価基準と企業資本循環プロセス ………………………………… 80
- VI　企業資本循環プロセスと収支計算・損益計算の関係 …………… 82

第7章　利益計算の原理

- I　二つの利益計算方法 ………………………………………………… 85
- II　誘導法に基づく財産法と棚卸法に基づく財産法 ………………… 89
- III　単式簿記（一面的認識）による利益計算 ………………………… 92
- IV　複式簿記（二面的認識）による利益計算 ………………………… 95
- V　棚卸法に基づく財産法 ……………………………………………… 99

目　次

第8章　財務諸表の期間と時点

- I　財務諸表の日付 …………………………………………………… 101
- II　財務諸表の日付の三つの役割 ………………………………… 102
- III　貸借対照表項目および損益計算書項目の〈残高〉の構造論的説明 ………………………………………………………… 107
- IV　複式簿記の手続の一環としての試算表 ……………………… 109
- V　試算表から財務諸表への移行と日付の変化 ………………… 114
- VI　時点の幅と期間の幅 …………………………………………… 116
- VII　貸借対照表は時点の報告書であり，損益計算書は期間の報告書であるとする意味論的根拠 ………………………… 118
- VIII　財務会計における「残高」 …………………………………… 119

第9章　財務会計の動態論的構造

- I　動態論会計 ………………………………………………………… 121
- II　貸借対照表の動態論的構造 …………………………………… 121
- III　動態論と静態論 ………………………………………………… 124
- IV　企業資本循環プロセスの類型（パターン） ………………… 127
- V　因果的簿記による未解決項目の表記と分類的簿記による未解決項目の表記 ………………………………………………… 131

第10章　動態論における勘定記入

- I　勘定形式による企業資本の増減計算 ………………………… 139
- II　因果的簿記における勘定記入 ………………………………… 144
- III　四つの補助元帳 ………………………………………………… 147
- IV　キャッシュフロー計算書と動態論的構造から誘導した収支計算書との相違 ………………………………………………… 155

3

第11章　資　産　性

Ⅰ　資産概念の統一的把握 …………………………………………… 161
Ⅱ　「経済的便益」概念の特性と資産のオンバランス化 …………… 165
Ⅲ　動態論における「収益力要因」と「キャッシュインフロー
　　に貢献する能力」………………………………………………… 168

第12章　財務会計の認識対象の拡大

Ⅰ　オフバランス項目のオンバランス化のパターン ……………… 173
Ⅱ　「実現」と「オンバランス化」と動態論における「解決」……… 174
Ⅲ　動態論における「未収入」と「未収入」発生主義における
　　の違い …………………………………………………………… 181
Ⅳ　「現金同等物」の拡大解釈と動態論的「解釈」の関係 ………… 183
Ⅴ　現金と現金同等物とキャッシュフロー ………………………… 187

第13章　財務諸表の意味づけ

Ⅰ　財務諸表の意味構造 …………………………………………… 191
Ⅱ　資産の意味構造化規則 ………………………………………… 193
Ⅲ　負債の意味構造化規則 ………………………………………… 197
Ⅳ　経営者の意思決定と意味構造化規則 ………………………… 201
Ⅴ　意味構造化規則の説例 ………………………………………… 206

索　　引 …………………………………………………………… 211
初 出 一 覧 ………………………………………………………… 214

第1章　財務会計の基礎

I　財務会計の前提

　会計公準は財務会計を行うにあたって，あらかじめ決められている前提，約束事，あるいは仮定である。この財務会計の前提である会計公準として，一般に(1)企業実体の公準，(2)継続企業の公準および(3)貨幣評価の公準の三つがあげられる。

（1）企業実体の公準

　企業実体の公準は会計を行う主体に関する取り決めである。いろいろな活動をする企業そのものの存在を観念的に認識し，企業の内外において生起した経済的価値の増減すなわち経済的事象を企業そのものの観点から認識しようという内容の約束事である。

　言い換えれば，「店」と「奥」を分離し，「店」(すなわち企業)を「奥」(すなわち事業主)とは別の存在であると認め，その「奥」をもって会計を行う主体であるとする仮定である。この公準には，

① 　会計の対象を認識するときの観点を定める。
② 　会計の対象となる出来事の範囲を定める。

という二つの要求が含まれている。

(i). 会計の対象を認識するときの観点

いま,「事業主が100万円を用意して営業を始めた」という経済的事象を考えてみよう。「店」の観点からは,この経済的事象は,「現金100万円を店主から受け入れた」という事実として認識される。この認識に基づいて,現金の流れを記録することになる。

このように,企業実体の公準によって,「店」そのものが会計主体であると仮定される結果,帳簿記録・計算の対象となる経済的事象を「店」の観点から認識することが要求されることになる。

(ii) 会計の対象の範囲

日常生活においては,隣家の家族が何かの支払をしてもその出金は「我が家」の家計簿には載せないであろう。同様に,「我が家」の下宿人の小遣銭の出入も載せないであろう。それでは,配偶者がパートタイムとして働いたときに勤め先から受け取る報酬や同居している長男がアルバイト先から得た給料は「我が家」の家計簿に載せるであろうか。

家計簿に載せるか否かを厳密に峻別するためには,はじめに,記録の対象となる経済的事象（家計簿の場合は「出金」または「入金」）の範囲を限定しておかなければならない。例えば,一家の世帯主自身が所有する金銭の入金または出金に限定するとか,配偶者や長男に帰属する収入または支出も含むが,ただし「生計を一つとする」場合に限るというように,あらかじめ家計簿に載せるべき入金・出金の範囲を定めておく必要がある。

この公準は,「店」ないし企業の立場から記録・計算の対象となる経済的事象を認識するという約束事なので,結果的に,帳簿に載せることが要求される範囲は「店」ないし企業そのものの管理下にある経済的事象に限られることになる。

(2) 継続企業の公準

　継続企業の公準は,「企業は半永久的に存続するもの」とみなそうという約束事である。現実には,企業はしばしばこころならずも倒産したり,解散したりする。そうした現実があることを承知しつつも,企業の存続,すなわちゴーイングコンサーンは財務会計の前提とされるのである。

　継続企業の公準はまた,企業活動の結果,達成された成果を計算するために期間を定めなければならないという要求を派生させる。かつて,企業は,資金を募り,調達した現金で船を入手し,遠隔地にある目的地まで航海して,そこで特産物を買い付け,戻ってきて,買い付けた特産物を全部販売し,最後に船も売却して手許に残った現金を出資者に分配するという形態(冒険企業)の事業であった。

　この場合には,はじめに調達した現金と最後に分配することになった現金との差額が利益として認識される。企業の始めと終わりが明確であったため,企業を興してから解散するまでの活動の成果は一つの航海につき,現金の増減という具体的なかたちで把握(口別計算)できたのである。

　ところが,企業の形態が定着企業となり,継続的に事業を行うようになると,企業の終わりを待って成果計算をするということは,実態にそぐわなくなる。そこで,定着企業の場合には,企業の存続,すなわちゴーイングコンサーンを前提にして,その活動の成果を人為的に区切った期間にかかわらせて計算しなければならなくなるのである。このようして人為的に区切った期間を「会計期間」とし,会計期間の始めを「期首」,終りを「期末」,そして期首と期末の間を「期中」と呼ぶようになる。

　また1会計期間の成果計算やその会計期間の期末時点でのもろもろの資源の有高計算を行う手続を「決算」といい,会計期間にかかわらせて行われる会計を「決算会計」というようになる。財務会計においては,季節による業績のかたよりを避けるために会計期間は1年と定められるのが慣習となっている。この場合,とくに「1年決算」という。

（3）貨幣評価の公準

　貨幣評価の公準は，企業に存在する資源を評価し，企業活動を測定する際に，共通の尺度として貨幣数値を用いようという取り決めである。企業は人的資源や物的資源，そして資金が有機的に結びついて，一つの目的に向かって活動している組織体である。後に詳しくみるように，その活動は企業の自己増殖運動として理解される。

　このように企業はさまざまな形態や品質の異なる資源が結合して自己増殖運動を繰り広げている組織体であるから，多種多様な資源の有高の総計や増減を測定するときに，相互に加算および減算できるようにするためには共通の尺度が必要となる。しかも，共通の尺度は，単に各資源の有高や増減を相互に加算および減算できるようにするだけではなく，加算および減算した結果として算出された数値に経済的な意味を認めることができるものでなければならない。

　企業は経済的価値を生み出す生産経済体であるところから，測定尺度は経済的価値の有高や経済的価値の増減を表すことができるものであることが望ましい。そのように考えると，企業を構成する各資源の有高および増減を統一的に測定するための共通の尺度としては，貨幣数値をおいてほかにはないということになる。

　なお，財務会計が採用する貨幣数値は，企業資本の増減ないし有高を測定する共通尺度であって，「お金」そのものの増減あるいは有高を表すものではないことをとくに指摘しておかなければならない。

Ⅱ　財務会計の基礎としての複式簿記

　前述のように企業はさまざまな資源が結合して自己増殖運動を繰り広げている組織体であるが，これらのさまざまな資源は全体として「企業資本」を構成しているといえる。会計が映し出そうとしているものはこのような企業資本（経済的価値）ならびにその増減すなわち企業資本の自己増殖運動であり，それを企業資本の循環プロセスに即して読み換え，企業資本の増減を運用面と

源泉面の二面から認識（二面的認識）することが財務会計の最大の使命であり，固有の役割である。

　財務会計は，こうした使命を果たすための記録・計算の手段として簿記を前提にしていることはあらためて指摘するまでもない。したがって，簿記は財務会計の一部であり，両者を切り離して考えることはできないのである。

　簿記には，いくつかの種類があるが，ここで「簿記の種類」とは，この世の中で簿記と呼ばれるものすべてを対象にして，その全体を一つのかたまりとしたうえで，そのかたまりを何らかの基準で分類したときの，その分けられた結果であると考えることにする。

（1）単式簿記と複式簿記

　まず，認識方法の違いによって簿記を分類すると，単式簿記と複式簿記に分けることができる。単式簿記と複式簿記の違いについては，いろいろな理解が可能である。しかし，多くの場合，記録・計算の対象となる経済的事象を一面的に捉えるか，それとも二面的に捉えるかということによって単式簿記と複式簿記を区別する。したがって，単式簿記と複式簿記は，経済的事象についての認識方法の違いに基づく簿記の分類であるといえよう。

　単式簿記は，対象となる経済的事象のさまざまな側面のうち，一つの側面に注目し，認識し，記録・計算する簿記である。例えば，事務用の机を現金払いで購入した，という事象について，現金が支払われたという事実だけに注目して記録する場合，つまり現金の支払い（現金の減少）についてだけ認識し，その認識に基づいて記録をつける場合は，単式簿記である。同様に，商品を現金で販売したときも，例えば，入金だけに注目し，現金の受取り（現金の増加）だけの記録をするときは単式簿記になる。

　なお，この二つの例のように，経済的事象を現金の出入という側面からのみとらえて記録し，現金の増減および有高を計算する場合，その計算を収支計算と呼ぶ。そして，財務会計では，このときの現金の「出」を「支出」，現金の「入」を「収入」といい，それぞれ専門用語として用いるのである。

以上に対して，複式簿記では，対象となる事象を二つの側面に分類し，その分類された二つの側面の増減をそれぞれ記録・計算する。上記の事務机を購入したという事象（交換）の場合，複式簿記では，現金の「出」だけではなく，反対の流れである机の「入」も認識し，記録する。つまり，複式簿記では，支出だけではなく，同時に，反対の流れとして机という財産（物的資源）の増加も記録するのである。なお，財務会計では，現金の流れとは反対の流れを「給付」という。

　また，商品を現金販売したケースについては，一方で，現金の「入」，すなわち，収入を認識し，他方で，同額の商品の「出」についても認識して記録する。つまり現金の増加だけでなく，商品の減少も記録することになる。このときの商品販売についての記録の方法としては，利益を含めた販売価額で記録する「総額法」，仕入価額と利益を分けて記録する「分記法」，仕入価額と利益を含めた販売価額を分けて記録する「分割法」などがある。このように，対象となる経済的事象（この場合は交換ないし交換取引）を「出」と「入」という二つの流れとして認識して，それぞれ記録するところから複式簿記と呼ばれると一般的には説明されることが多い。

（２）企業簿記と複式簿記

　簿記を行う主体の違いによって簿記を分けると，家計簿記と官庁簿記と企業簿記に分類できる。

　一般的にいえば，家計と官庁は一定の収入あるいは予算の範囲内で，支出をともなう活動を行う，いわば消費活動をする組織体であり，経済的価値を生み出す経済体ではない。消費活動はすべて，収支計算によって表すことが可能である。したがって家計および官庁では単式簿記によって，それぞれの組織体の活動のすべての記録を行うことができる。

　これに対して，企業は経済的価値を生み出す組織体である。価値を生み出すためのすべての活動は企業資本の自己増殖運動を意味し，広く生産活動と呼ぶことができる。この生産活動を記録・計算の対象するのが企業簿記である。

前述のように企業は，人的資源，物的資源，資金などが有機的に結びついて，一つの目的に向かって生産活動をする組織体である。現金の出入は，企業を構成するさまざまな資源のうちの一部を構成する資金の動きにすぎない。そのため，収支計算だけでは企業活動のすべてを記録・計算するには不十分である。それ故，企業簿記は必然的に複式簿記によらなければならないということになる。今日，企業簿記といえば，特に断りがないかぎり，複式簿記を意味する。

Ⅲ　財務会計における計算規則

（1）勘定による加減計算

　財務会計では記録および計算のために「勘定」という装置を用いる。いま，次のような一連の活動を簡単な説例として用いて現金の有高を計算してみることにする。

【説例】
　①4月1日　元手100万円を現金で用意し，営業を始めた。
　②4月2日　家賃20万円を現金で支払った。
　③4月24日　商品30万円を現金で購入した。
　④4月26日　上記③の商品を50万円で現金販売した。
　⑤4月30日　給料10万円を現金で支払った。

　①〜⑤までの一連の活動について，現金に焦点を当てたときの，その増減の記録および計算は，次のように行うことができる。

$$100万円^① － 20万円^② － 30万円^③ ＋ 50万円^④ － 10万円^⑤ ＝ 90万円$$

　この算式のような加算・減算方法を仮に「第一の方法」と呼ぶことにする。この第一の方法では，金額の上付きの番号を見ると，活動が行われた順に記録

されていることがわかる。したがって，この方法によると，そのつど，現金の有高を計算することができ，それぞれの時点で所有する現金がいくらあるかを知ることができる。

　反面，加算や減算の計算が煩雑であり，とくに減算が多いときには計算を間違える危険性が大きくなるという欠陥がある。このような欠陥を排除するために次のような工夫がなされる。

$$(100万円① + 50万円④) - (20万円② + 30万円③ + 10万円⑤) = 90万円$$

　この算式のような加算・減算方法を仮に「第二の方法」と呼ぶことにすると，この第二の方法によれば，まず①と④を加算し，次に②と③と⑤を合計し，そして①と④の合計額と②と③と⑤の合計額の差額を計算するという順序で現金の有高が求められる。この方法では，最後にまとめて一度だけ減算を行えばよいので，確かに計算の煩雑さを避けることができる。しかし，金額の上付きの番号をみると明らかなように，活動を発生順に記録することはできない。

　そこで，第一の方法の記録に関する利点（発生順に記録することが可能であるという利点）と第二の方法の計算に関する利点（減算を少なくすることによる計算の煩雑さを回避できるという利点）を活かし，それぞれの欠点を排除するための工夫として次の図１－１のような勘定による記録・計算方法が用いられるのである。

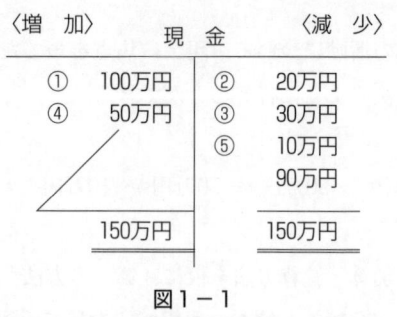

図１－１

まず，図1−1は，略式で示されるとき，アルファベットのT字の形（Tフォーム）となる「勘定」と呼ばれる記録・計算の装置を示したものである。そして，この勘定の左側に現金の増加を記録し，右側に減少を記録するということをあらかじめ決めておき，説例の①から⑤までの活動にともなう現金の増減を発生順にこのルールに従って記録したものである。この勘定は「現金」の増減を記録・計算する勘定であるところから，「現金勘定」と呼ばれる。勘定を用いることによって，一定期間（この説例では4月中）の現金の増加分の総計は左側をまとめることによって計算され，減少分もまた右側をまとめることによって計算される。また，差額を求めるときの減算は前述の第二の方法のときと同様に一度ですむ。しかも，最後の差額も，図1−2が示すように少ない方に差額を加算して左右をバランスさせるという方法によって求めている。すなわち減算を加算に転換しているというように見かたを換えることもできるのである。

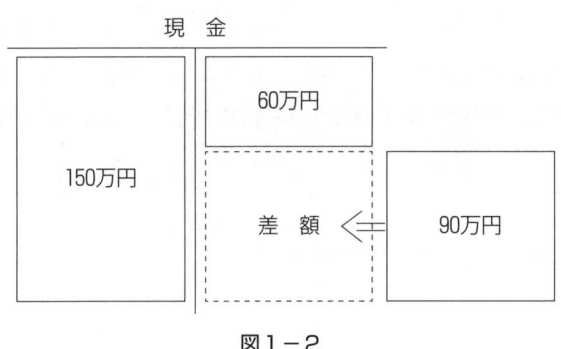

図1−2

さらに，勘定による記録・計算を行うことによって現金の増減が生じるつど，その時点における現金の有高を示すことができる。図1−2では，①から⑤までの活動がなされた時点では，現金の有高は90万円であるということが表されている。仮に，①から③までの活動がなされた時点で，現金勘定の記録を見てみると，図1−3のとおりである。

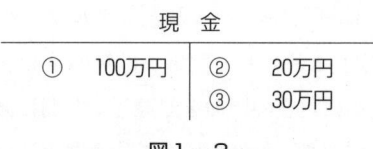

図1−3

　この時点での現金有高は50万円（100万円−20万円−30万円）である。このように，勘定による計算ではその時々の有高が直ちに把握できるしくみになっている。財務会計では，全般にこうした勘定を用いてそれぞれの財産等の増減計算がなされることになる。

（2）天秤のたとえ

　ところで，こうした勘定による記録・計算の方法は，しばしば，天秤にたとえられる。天秤は少ない方におもりを加えていき，左右がバランスしたときに，どれだけおもりを加えたかによって左右の差を把握するという装置である。

　いま，400円の買い物をして，1,000円札で代金の支払をした場合のおつりの計算をこの天秤のたとえを用いて説明してみよう。通常，われわれは前述の第一の方法により，次のように1,000円から400円を差し引いて600円のおつり（差額）を計算する。

$$1,000 - 400 = 600$$

　しかし，天秤の原理に従うと，400から出発して500，600，……，900，1,000と，100円硬貨を加算していき，ちょうど1,000円になる時に等式の左辺と右辺が均衡するものと考え，それまでに加えていった100円硬貨の合計額の600円をもって，おつり（差額）とするという計算方法がとられることになる。勘定形式による計算は，このような天秤の原理に基づく計算方法を採り入れたものであると，しばしば説明されるのである。

（3）勘定による計算の特性

　財務会計における記録・計算は，勘定（Tフォーム）を利用して，左側と右側が均衡しているというかたちで行われる。勘定では，左側のマイナスは右側に示され，逆に右側のマイナスは左側に示されることになる。これは，等式の左辺から右辺へ移項すると，プラスとマイナスの符号が変わるという数学上の規則と一致する。

　先のおつりの例で用いた，等式を使って次のように数学上の規則を確認することができる。

$$1{,}000 \overset{\cdot}{-} 400 = 600$$

この等式の左辺のマイナス400を右辺に移項すると次のようになる。

$$1{,}000 = 600 \overset{\cdot}{+} 400$$

　前式と比較すると，この移項後の等式は，結果として，マイナス計算を避ける工夫がなされていることがわかる。なお，この工夫は不等式でも行うことができる。例えば，次のような不等式を考えてみることにしよう。

$$1{,}000 \overset{\cdot}{-} 400 > 500$$

この不等式の左辺のマイナス400を次のように右辺に移項しても，同じように不等式は成り立つ。

$$1{,}000 > 500 \overset{\cdot}{+} 400$$

　ここで注目しなければならないのは，左辺と右辺の差額100は移項後も保たれているということである。そして，差額100をこの不等式の右辺に追加して

加算すれば，当然のことながら不等式は次のような等式（均衡式）に変わる。

$$1,000 = 500 + \overset{\cdot}{4}00 + \overset{\cdot}{1}00$$

　以上から，不等式の左辺から右辺への移項あるいは右辺から左辺への移項という操作によってもマイナス計算は回避することができることが確認される。そしてまた，不等式の左辺と右辺の差額の計算は不等式を等式に変えるための操作であるということが理解される。
　つまり，数学上の等式や不等式においては移項という操作によってマイナス計算を避けることができるので，マイナス計算の回避それ自体は勘定による計算に固有の特性であるとはいえない。ただし，不等式を等式に変えることは移項計算ではなしえないところから，勘定による計算に固有の特性は，最後に天秤の原理に従って不等式を等式に変える点にあるということが指摘できるのである。

Ⅳ　財務会計における記録規則

（1）勘定において大小関係を示す規則

　これまで述べてきたように，勘定を単に加算・減算のための計算上の装置とみなせば，勘定の左側と右側は，数学上の不等式の左辺と右辺と対応している。この場合，「A＞B」という記録と「B＜A」という記録を区別する理由はない。
　ただし，不等式において，「左側は右側よりも大きく，右側は左側よりも小さい」というもう一つ別の規則，つまり場所的な順序をもって大小関係を表記する新たな規則を追加すると，BよりもAの方が大きいという場合には，「B＜A」という表記はその規則に違反することになる。つまり「大きい方を左側に書く」という規則によって，「B＜A」ではなく，必ず，「A＞B」と表記しなければならない。このときの新たに付け加えられた「大きい方を左側に書

く」という規則はA，Bがそれぞれ何を指示するか（どのような意味をもつか）ということに関係のない，極めて形式上の規則あるいは構造的な規則である。

　当座勘定への記入のためのルールがこの例に当たる。「当座」には預金すなわち資産という意味作用はなく，また借越すなわち負債という意味作用もない。当座勘定は，それ自体，プラス（あるいは正数）・マイナス（あるいは負数）という意味を含まない勘定であり，いわば絶対値として扱われる。したがって，「大きい方を左側に書く」というルールに従うと，当座勘定が増加した場合（｜A｜＋ΔA）は現状（A）より大きくなるので，その増加分（ΔA）は左側に書き，反対に減少した場合（A−ΔA）は現状（A）よりも小さくなるので，その減少分（−ΔA）は右側に書くことになる（ただし，Δは変化分を表す）。このルールはひたすら，増加（すなわち，現状よりは大きくなった分）は左側に，減少（すなわち，現状より小さくなった分）は右側に書くという記録についての構造的な規則である。

（2）勘定科目名によって大小を表す規則

　これに対して，新たに付け加えられる規則が「Aであればそれは必ず左側に書き，Bであれば必ず右側に書く」という内容の規則の場合には，「AがB」よりも大きいときは，「A＞B」と表し，反対にBがAより大きいときにも「A＜B」と表記することになる。この規則によって，AはBより大きいときも，反対に小さいときも，いずれの場合であって，常にBの左側に（場所的に）位置づけられる（記録される）ことになる。この場合，新たに付け加えられた規則の中の「A」と「B」にそれぞれ，正負の意味（ゼロより大きいか小さいかという意味）を含めて扱うことができる。

　当座預金勘定と当座借越勘定の例を用いてこのことを説明することができよう。当座預金（A）はプラスの財産であり，ゼロと比べると常に大きい，すなわちA＞0という意味がすでに含まれているので，ゼロの左側に記入する。当座借越はマイナスの財産であり，ゼロと比べると常に小さい，すなわち0＞Bという意味がすでに含まれているので，ゼロの右側に記入する。

したがって，AとBの位置関係は，ゼロを挟んでA＞0＞Bとなるので，必ずA＞Bと位置関係も含めて記録されることになる。

ちなみに，正数（プラス）という意味作用をすでに含む当座預金の増加は現状より，必ず大きくなる（A＋ΔA＞A）ので，左側に記入される。反対に当座預金の減少は現状より小さくなる（A＞A－ΔA）ので，右側に記入される。

他方，負数（マイナス）という意味作用を含む当座借越の減少は，借金（負数）の減少であるから，現状より大きくなる（B－ΔB＞B）ので，左側に記入する。逆に，当座借越の増加は借金の増加であるから，現状より小さくなる（B＞B＋ΔB）ので，右側に記入される。

ただし，預金（資産）はゼロより小さくなると，直ちに借入金（負債）になる。つまり，預金（資産）のまま負数の状態になるということはない。また，借越は借入金（負債）であり，借入金がゼロより大きくなれば，直ちに預金（資産）に変わる。つまり，借入金（負債）のまま正数の状態になるということはない。ということは，当座預金および当座借越の記入に関する規則では，「預金」は常にプラスの（ゼロより大きい）財産であるという意味作用が前提として含まれているということである。同様に，「借越」はマイナスの（ゼロより小さい）財産であるという意味作用が前提として含まれているということである。

この場合の規則は，特定の意味作用をもつ記号「A」と，特定の意味作用をもつ記号「B」との間の関係を定めた規則であるので，もはや計算構造を規定した規則ではなく，意味内容の指示を含む規則となっている点に注意しなければならない。「A」には「当座預金」以外の，例えば，「買掛金」を代入することはできず，「B」には「当座借越」以外の，例えば，「売掛金」を代入することもできない（代入すると規則としての意味が失われてしまう）。

以上から理解されるように，勘定において何を左側に書き，何を右側に書くかということを定めるためには，①左側のマイナスは右側に書き，右側のマイナスは左側に書くという計算構造的な規則に，さらに②計算構造的な規則（例えば，単に，「増加（大きい方）は左側，減少（小さい方）は右側」という規則）を追加するのか，それとも③意味作用を含んだ規則（例えば，「資産は左側，負債は右

側」という規則）を追加するのかによって規則を適用したときの結果が変わってくる。そして財務会計の構造を考察する場合，勘定における左側と右側との関係には計算構造だけではなく，勘定科目名の意味構造も含めたところで記録に関する根本原則（「取り決め」）が存在していることに留意する必要がある。

第4章において詳述するように，貸借対照表を勘定形式によって示すのであれば，資産の反対側に負債を書くという規則は，負債は資産の減少（あるいは資産は負債の減少）とする規則の存在が認められなければ，財務会計の理論によって貸借対照表の説明ができないといことになる。資産と負債との間の正負の関係を理解するためには，財務諸表についての意味構造を含んだ説明と計算構造のみによる説明とを区別する必要があるということである。

（3）「借方」と「貸方」

なお，これまでの勘定の説明をする際に，Tフォームを想定して，真ん中の線より左を「左側」，右を「右側」と呼んできたが，財務会計およびその基礎を構成する複式簿記では，「左側」という代りに「借方」といい，「右側」という代りに「貸方」と呼ぶ慣しになっている。

英語では左側を 'debtor（債務者）'，右側を 'creditor（債権者）' というところから，その日本語訳を当てたものと思われる。これは，次の図1－4および図1－5に示すような債権・債務の関係を客観的，第三者的に眺めたときの表示である。例えば，図1－4の関係のときには，第三者の立場から両者の関係を眺めると，自分（企業）に対してAは債権者，すなわち貸主の立場なので，「貸方」に記入し，図1－5の関係のときには両者の関係を第三者の立場から眺めると，Aは自分（企業）に対して債務者すなわち借主の立場なの「借方」に記入する。こうした視点で「借方」，「貸方」に分けているのである。

```
        債  権                    債  務
    A  ⇄  自分（企業）         A  ⇄  自分（企業）
        債  務                    債  務
        図1－4                    図1－5
```

15

例えば，銀行等がある企業に融資をした場合，相互の関係を客観的に表せば，銀行等は，その企業に対する債権者（貸主すなわち貸方）である。財務会計における「借方」「貸方」は企業を「自分」とした場合，自分は相手に対してどういう立場であるかではなく，相手先を主体として考えた場合，相手は企業（自分）に対して，どういう位置であるかという視点で表現したものになる。債権・債務の関係を客観的に眺めた場合，相手先はどういう位置にあるかということは，結局，自分に対して債権者（貸主すなわち貸方）の立場か，債務者（借主すなわち借方）の立場かという見方になる。

　ちなみに，日本語では，通常，融資を受けた銀行は「借入先」と表現する。つまり，自分の立場から債権・債務を意識し，その相手先を「先」ということばで表現しているのである。その結果，日本語の表現は，第三者的に（結果的に相手の立場から）債権・債務を意識した財務会計における「借方」および「貸方」と主客が逆転したものとなっている。

　このように，財務会計における「借方」および「貸方」は，日本語の使い方と逆の表現になるので，極めて，われわれには違和感が生ずる。そこで，財務会計において，左側を「借方」，右側を「貸方」と呼ぶのは，単に呼称上の取り決めと考えておくことにする。

第2章　財務会計における認識構造

　第1章でも触れたように，複式簿記と単式簿記の相違点は経済的事象を二面的に認識するか，一面的に認識するかという点にある。例えば，商品を販売したときのような交換の場合，財の引渡と財の受入の両方を認識するのが複式簿記における二面的なとらえ方であると一般的には説明される。しかし，「交換」という一つの経済的事象を財貨の受入と，財貨の引渡というように二つの流れ（give and take）からなっているとみるだけでは，正確には，計算構造としての二元性を説明しているにすぎず，認識構造としては，未だ，一面的認識の域にとどまるのである。

　勘定による記録・計算の規則から，借方（例えば，プラス）と貸方（例えば，マイナス）という二辺が派生し，計算構造としてのこの種の二辺と認識の次元での二面が絡み合い，さらに，交換の場合には財の流れを二元（二つの流れ）に分解してそれぞれ記録するので，その意味での二元性とも重なって認識構造としての二面性を多重的な概念にしている。

I　財務会計における認識構造としての二面性（duality）

（1）二面的認識と二元的分類

　財務会計における認識構造としての二面性は，企業内に生じた一つの経済的事象をすべて，二つの側面で把握するということである。しかも，二つの側面は相互に主副（一方が他方の内訳となる関係）あるいは正負の関係にない点は強調されなければならない。

企業は，もともと価値を生産する組織体であり，そこでは，さまざまな資源が価値生産のために調達されて運用される。それ故，企業の生産活動を把捉するためには，これらのさまざまな資源を，調達面と運用面の二つの側面で認識し，それぞれの側面において，さらに分類するのが最も相応しいのである。

　このような財務会計における認識構造としての二面性は，一つの経済的事象を調達面と運用面という二つの側面で認識するだけでなく，それに加えて，それぞれの側面において別々の基準に基づく分類をするという，二面的認識と二元的分類の両方のプロセスが合体した概念であると理解できる。

(2) リンゴのたとえ

　いま，10個のリンゴのたとえを用いて二面性の概念を理解していくことにしよう。この10個のリンゴをどのように使うか，すなわち，「どこに行くのか」という観点から，10個のうち4個はデザート用に，2個は鑑賞用に，残りの4個は料理用に使われる（ただし，数字は仮定の数値である。以下，同じ。）と分類すれば，こうした分類は用途別の分類といえよう。

　他方，10個のリンゴが「どこから来たのか」という観点から，このうち6個は青森産であり，2個は長野産であり，そして残りの2個は自家栽培によるものであると分類すれば，こうした分類は産地別分類といえよう。

　このように，10個のリンゴを用途という側面と産地という側面に分けて，それぞれ把握しようというのが財務会計における二面的認識の構造である。財務会計ではリンゴを企業資本のたとえとし，産地を「調達」ないし「調達源泉」，用途を「運用」ないし「運用形態」のたとえとして，まず，企業資本を二面的に認識するところから出発することになる。次に企業資本を二面的に認識した結果を調達面と運用面のそれぞれにおいて，さらに具体的に分けるのである。このように10個のリンゴを二面的に認識し，二元的に分類して表示したものが下記の図2-1である。

第2章 財務会計における認識構造

企業資本の二面的認識

調達面

青 森 産	6個
長 野 産	2個
自家栽培	2個
合　　計	10個

運用面

デザート用	4個
鑑 賞 用	2個
料 理 用	4個
合　　計	10個

図2−1

　この**図2−1**では，調達面と運用面の二面を上下に分けて表示しているが，例えば，**図2−2**のようなマトリックスで表すこともできる。これは二面的な把握を表す理論的な工夫である。

		調　達　面			
		青森産	長野産	自家栽培	合　計
運用面	デザート用 鑑 賞 用 料 理 用	2個 4個	2個 	 2個 	4個 2個 4個
	合　計	6個	2個	2個	10個

図2−2

　ただし，このようなマトリックス表示を可能にするためには，少なくとも青森産のりんごの合計6個のうち，デザート用に2個，料理用に4個というように，どのように運用されているのかということが産地ごとに個別的に把握されなければならない。またデザート用のリンゴ4個は青森産が2個，長野産が2個というように用途ごとに産地が具体的に把握されていなければならない。つまり，一つ一つのリンゴがどこから来て，どのように運用されているか個別的

19

かつ具体的に跡づけることができなければ，このようなマトリックスによる表示は不可能である。

そこで，図2－3のように運用面と源泉面とを左右に分け，それぞれの側面を全体として分類表示する方法が考えられる。

運用面		調達面	
デザート用	4個	青森産	6個
観賞用	2個	長野産	2個
料理用	4個	自家栽培	2個
合　計	10個		10個

図2－3

このような二面的認識の表示方法は，もともとは帳簿への記帳の便宜上から生まれたものであるが，財務会計では広く採用されている表示方法である。この表示方法は認識対象を左側から見ても右側から見てもその大きさ（合計）は同じであるという視覚的なバランス感覚によく適合し，左側と右側とが均衡しているという状況をうまく表している点で優れているといえよう。

こうした表示方法では運用面と調達面との間の直接的な結びつきを明らかにする必要はない。全体として何処から調達されたかということと，全体として何に運用されたかということが表示されているのであって，具体的に何処から調達されたリンゴが何処に運用されているかという結びつきは把握されている必要がないのである。

Ⅱ　運用面と調達面のそれぞれの分類

企業内に生じた経済的事象を二面的に認識する場合，その第一側面および第二側面として何を選ぶかによって，二面性の内容は当然異なってくる。例えば，
(1)　「財産」と「請求権（持分）」，
(2)　「財産」と「受入分（資本）」，
(3)　「具体」と「抽象」，

(4) 「運用形態」と「調達源泉」

など，二つの側面の相互の関係を，どのように考えるかについてはさまざまな見解がある。

　前述の10個のリンゴのたとえでは，産地（調達）と用途（運用）という二つの側面で分類したが，もちろん，産地と用途以外の側面での分類も可能である。例えば，10個のリンゴの分類として，色の違いによる分類，大きさによる分類，甘さの測定値による分類などが考えられる。しかし，このリンゴを企業資本にたとえるときには，企業活動に即して調達面と運用面という2つの側面で分類することが最も相応しいといえるのである。

　さまざまな「二面の関係」のうちのどの関係を選ぶかを決定するときの一つの根拠は，企業を企業資本の自己増殖運動を繰り返す組織体とみなし，企業資本の自己増殖運動を「取引」として認識するという考えである。

　資本主義経済体制の下では，企業資本の自己増殖運動の過程は，外見的には，企業内のさまざまな経営活動ないし生産活動として認知される。具体的には，はじめに調達された資金を元手として，その増殖を目的とした運用がなされるという活動としてわれわれの目に映る。そのため，財務会計では，企業内のさまざまな経済的事象を調達面と運用面という二つの側面に分類し，二面的に認識するのが最も相応しいといえるのである。企業資本の自己増殖運動を記録・計算する財務会計においては，調達面と運用面という二面こそが最初の認識基準（認識のための枠組み）となるわけである。

Ⅲ　調達面（ないし源泉面）の分類

　企業資本が，調達面と運用面の二つの面で，しかも同時に（一対として）認識されると，次に考えなければならないのは，調達面と運用面は，それぞれ，別々の分類基準によって分類（二元的分類）されるということである。そこで，調達面における分類基準，そして運用面における分類基準を明らかにしておく必要がある。

企業資本の調達面（源泉面）において最初に区分されなければならないのは，いわゆる「元手」と「儲け」の分類である。これは，借入金もなくすべての取引が現金で決済されているケースを想定することによって理解できよう。

（1）借入金もなく，現金取引のみを行う企業資本の調達面の分類

　支払はすべて現金で行い，受取もすべて現金で行われるという最も単純な活動を行っている企業を想定してみると，そのような企業では企業資本の調達（ないし源泉）の側面では**図2－4**の①に示すように，「元手」と「儲け」の区別のみが重要となる。

　この場合，「元手」は事業を開始するときに，はじめに用意した元入金のことであり，開始時は現金の有高として認識される。また，「儲け」は事業主の元入金以外の企業資本の増加分である。

　ただし，「元手」および「儲け」ということばは事業主からみた場合の表現であり，企業それ自身（企業実体）の立場からは，**図2－4**の②に示すように，それぞれ「事業主受入分」と「自己増殖分」とその源泉を表現する方がその性格をよく表すことになろう。つまり，企業そのものの立場からみれば，事業主といえども外部の資金提供者に過ぎないというように扱われることになる。事業主からの元入金もまた，企業実体から見れば外部からの受入資本の一つとして分類されると考えることができるからである。

企業資本の二面的分類

① 事業主を主体とするときの分類	② 企業実体を主体とするときの分類
調達	調達
元手　　×××	事業主受入金　×××
儲け　　×××	自己増殖分　　×××
合計　　×××	合計　　　　　×××
運用	運用
現金　　×××	現金　　　　　×××
合計　　×××	合計　　　　　×××

図2－4

（2）信用取引を行う企業の事業主から見た場合の調達面の分類

　このケースにおいても，事業主を会計の主体として仮定すると，企業資本が「誰から調達されたものなのか」という判断は事業主の立場からなされることになる。

　すなわち，信用取引を行う企業では，図2－5の①が示すように企業資本の調達面での分類は元手と儲けの区別のほかに，借金という義務をともなう調達が区分されることになる。

　借金という義務をともなう資金調達を元手と区別するのは，本来，事業主の立場から企業資本の調達面を認識しているということである。つまり，事業主に何らかの義務を課すような企業資本の調達と義務を課すことのない調達を区別するということである。事業主による義務の認識は，義務を負うべき相手先（法的には債権者）の認識を意味し，このことは事業主が，債権者を自らの利害関係者として認識したということであり，調達先として「儲け」とは別に債権者を区別したということである。

（3）企業実体が事業主から分離した場合の源泉面の分類

　事業主から分離した企業そのものを会計主体と考えるならば，事業主に義務が発生しない場合の調達も，発生する場合の調達も，いずれも，企業資本の受入である。したがって，事業主から新たに元入があれば企業資本が増えたことになるのと同じように，債権者からの調達が増えれば企業資本が増えたことになる。

　企業そのものの立場からみる場合には，このように事業主は調達先すなわち調達源泉であり，同じく信用取引によって出現した債権者も調達先すなわち調達源泉であるが経営者もまた調達先すなわち調達源泉となる。したがって，企業資本の源泉面は図2－5の②に示すように事業主受入分と債権者受入分と経営者稼得分の3つに分類できる。このとき債権者受入分とその他の源泉，（すなわち事業主受入分および経営者稼得分）との区別は返済期限があるか否か等の制度上の決まりを基準としている。法的な義務は本来，事業主にとっての義務で

あるが、ここでは、企業にとっての義務という観点から区別される。したがって、必ずしも法的な債務と一致するわけではない。とはいえ、もともと企業実体の存在を認識することは、会計主体を事業主や債権者はもとより経営者とも別の主体と考えることによってできるのであり、このことにより、調達面の分類を図2-5の②が示すように大きく変えるのである。

企業資本の二面的分類

① 事業主を主体とするときの分類　　② 企業実体を主体とするときの分類

調達			調達	
義務	×××		債権者受入金	×××
元手	×××		事業主受入金	×××
儲け	×××		経営者稼得分	×××
合計	×××		合計	×××

運用			運用	
現金	×××		現金	×××
合計	×××		合計	×××

図2-5

（4）「企業資本」の観点から見た場合の源泉面の分類

ところで、しばしば、「店」と「奥」の分離から、資本概念が生まれたと説明されるが、このときの資本概念はまさに会計主体として事業主でもなく、債権者でもなく、さらに経営者でもない企業そのものの存在を前提にしたものであり、企業資本を意味する。さらに、所有と経営の分離という現象から事業主からの元入金、債権者からの借入金ばかりでなく、さらには利益も、すべて企業資本を主体として考えた場合の源泉を構成する一要素にすぎないと理解されるようになる。ここで、経営者の稼得分である利益というのは主客を逆転させて企業資本の自己増殖分とみなされるのである。

以上の結果、企業資本の源泉面は少なくとも、図2-6が示すように債権者による与信分を意味する負債と事業主による拠出分を意味する資本（狭義の資本）と企業資本の自己増殖分を意味する利益の3つに区分されることになる。

「企業資本」を主体とするときの分類
源泉
　　負債（債権者与信分）　　×××
　　資本（事業主拠出分）　　×××
　　利益（自己増殖分）　　　×××
　　合計　　　　　　　　　　×××

運用
　　現金　　　　　　　　　　×××
　　合計　　　　　　　　　　×××

図2-6

Ⅳ　企業資本の運用面での分類

　次に，企業資本の運用面での分類は，一般に，資産と費用である。企業は，資金，人的資源，物的資源が有機的に結びついて（組織化して），ひとつの目標，すなわち経済的な価値を創造する生産活動を行うものである。生産活動のための企業資本は現金（資金）という形態にとどまるものではない。そこで，有機的な組織全体を把握するためには，企業資本がいかに運用されているか，換言すれば，企業資本が「どのように使用されているか」，あるいは「どのような形態をとっているか」ということを知ることが重要となる。

　このうち，資産は企業が広い意味での生産活動によって新たな価値を獲得する目的をもって投下された資源（価値の固まり）である。費用は新たな価値を獲得するために費やされた（犠牲となった）価値である。それぞれの時点で手許にある現金はさまざまな活動の結果，事業主ないし経営者によって，諸々の支払に備えて手許に留められている状態，言い換えれば，事業主ないし経営者によって，そのままの状態に留まっているように決定されたものとみなすことができる。それ故，現金の有高は調達面ではなく，「運用形態」といえるのである。前節で述べた調達源泉面での分類，および本節で述べた運用面での分類をまとめると**図2-7**のようになる。

企業資本の二面性

運用面	源泉面
資　産（資　　源）	負　債（債権者与信分）
費　用（価値犠牲分）	資　本（事業主拠出分）
	収　益（経営者稼得分）

図2－7

　なお，収益（経営者稼得分）と費用（価値犠牲分）は相殺されて，純額を企業資本の自己増殖分である利益として源泉面において分類することができ，そのときには図2－8のように表示される。

企業資本の二面性

運用面	源泉面
資　産（資　　源）	負　債（債権者与信分）
	資　本（事業主拠出分）
	利　益（自己増殖分）

図2－8

　以上のように，企業資本を調達面および運用面の二面的認識を基にして，さらに，別々の基準に基づいて二元的に分類すると企業資本の運用面は資産と費用，調達面では負債と資本と収益というように5つの要素に分けることができるのである。

V　企業資本の構成要素

　これまで，記録・計算の対象となるものを，企業の活動，生産活動，企業内に生じた出来事，あるいは経済的事象等，不統一に呼んできた。ここで，財務会計の記録・計算の対象となるものは何かということを明らかにしなければならない。

（1）企業資本の5つの要素

　財務会計の認識および記録・計算の対象となるものは「取引」と呼ばれ，ひとくちでいえば，企業資本すなわち経済的価値の増減である。
　Ⅲ節およびⅣ節で述べてきたように企業資本は，資産，負債，資本，収益及び費用からなっている。したがって，企業資本を構成するこれらの5つの要素のいずれかに増減が生じた時に，記録・計算の対象となり，取引となるのである。それ故，取引を理解するためには企業資本を構成するこれら5つの要素の内容を明らかにする必要がある。
　とりあえず，ここでは，以後の説明を進めるのに必要な範囲で5つの要素を暫定的に定義をしておくことにしよう。なお，ある事項について説明する場合には，その事項に該当するすべてに共通する性格を述べ，続いて，その事項に該当する存在の具体例を一つ一つあげていくという方法が，最もよいと思われる。そこで以下ではそのような方法で定義していくことにする。

（i）資　　産

　まず，資産とは，経営者が将来，経済的価値を獲得するために投じられた企業資本であり，プラスの経済的価値物のことである。企業にとってのプラスということは，経営者が将来，利益を稼得するのに役に立つという意味である。このような資産には，現金，土地，建物，機械装置，構築物，商品などの有形財もあり，貸付金や売掛金のような無形の債権もある。

（ii）負　　債

　次に負債とは，マイナスの価値物のことである。この場合のマイナスというのは，企業が負う義務を意味している。企業が負う義務には支払義務と給付義務とがある。このうち，支払義務とは，すでに財またはサービスの提供を受けていて，それに対して支払をしなければならないという義務である。支払義務の具体例として，借入金，買掛金，支払手形などがあげられる。他方，給付義務とは，すでに代金を受け取っていて，それに対する財またはサービスを提供

しなければならないという義務である。給付義務の具体例としては，前受金，前受収益などをあげることができる。

(iii) 資　　本
狭義の資本は資産から負債を差し引きした正味の資産，すなわち純資産のことである。次の算式が示すように，純資産は資産の総額から負債の総額を引いた残りである。

$$資産総額　-　負債総額　=　純資産$$

この純資産は次期の期首の元手（出発点）を意味する。したがって，資本は各会計期間の期首における元手のことであると理解することもできる。具体的には，資本金，およびこれまでに経営者が稼得した利益の留保額がこれに含まれる。

(iv) 収　　益
収益は，企業活動の結果であり，企業資本が自己増殖運動を繰り広げるときの成果分である。これは経営者が稼得した企業資本である。言い換えれば，取引先等からの調達分ないし受入分である。例えば，売上，受取利息，受取配当金などがこれに含まれる。

(v) 費　　用
費用は，収益を獲得するために失われた経済的価値であり，企業活動の成果分を獲得するための価値犠牲分であり，努力分である。例えば，売上原価（仕入），給料，支払家賃，旅費交通費，消耗品費などが費用の代表例である。

以上のような5つの要素に増減が生じたら，財務会計では取引と認め，記録・計算の対象とするのである。

（2）財務会計上の取引と企業資本の増減

　「取引」ということばは，日常用語として用いられる場合と，財務会計の専門用語として用いられる場合とでは若干意味が異なるので注意しなければならない。両者の関係を次の**図2－9**のように示すことができる。

日常用語上の取引と財務会計上の取引との関係

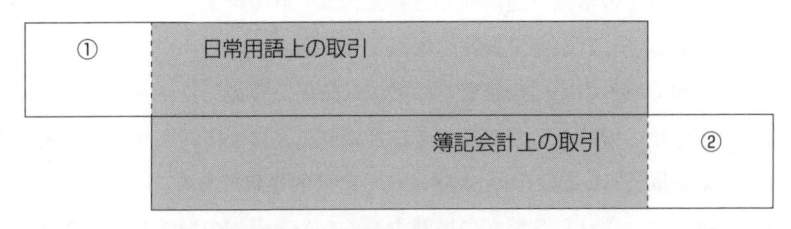

```
┌─────────┬──────────────────────────┐
│    ①    │      日常用語上の取引        │
├─────────┼──────────────────────────┼─────────┐
│         │      簿記会計上の取引        │    ②    │
│         │                            │         │
└─────────┴──────────────────────────┴─────────┘
```

図2－9

　図2－9において，①の部分は日常用語では「取引」と呼ぶが，財務会計では「取引」と呼ばない領域である。例えば，購入（または販売）の約束をしたというようなケースがこの領域に属する。約束しただけでは，財務会計上の取引とはならず，したがって記録の対象にならない。契約書を取り交わすなど，客観的に約束したことが検証できる（検証可能性），約束を履行することに何らかの強制力がともなうときに，はじめて取引として認識されることになる。約束をしただけでは，企業資本の増減は認められないのである。

　反対に，②の部分は，財務会計上の取引であるが，日常用語では「取引」と呼ばない領域である。例えば，火災で，店が焼失してしまったとか，天災のため，商品が水浸しになり，売れなくなってしまったというケースはこの領域に属する。日常用語では相手先のある交換が「取引」とされているので，相手先のない天災などによる損失は「取引」と言わない。また，②の領域の火災や天災のため，店や商品に損害を被ったケースでは，企業資本の減少がすでに認められるので，記録・計算の対象になるのである。

　図2－9の網掛けの領域は，ほぼ日常用語上の「取引」が財務会計上の「取引」と重なっていることを表している。

企業資本の増減を運動としてとらえれば，その運動は運用面での増減または調達面での増減であると表現することができる。このとき，調達面の増減は，債権者からの資金の増減（借入や返済など）や事業主からの資金の増減（増資や減資など）および経営者からの資金の増減（すなわち，利益や損失）であることはすでに述べてきたところである。

　他方，企業資本の増減を運用面でとらえれば，財の購入や売却およびサービスの提供である。したがって資産の増減として認識される。なお，利益は収益と費用の差額であるので，企業資本の増減は結局，資産，負債，資本，収益，費用のいずれかの増減として認識できるということになる。こうした企業資本の増減こそが取引（transaction）と呼ばれる経済的事象である。

　財務会計では，これら5要素の増減すべてを企業資本の増減として認識し，測定し，記録して表示する。日常用語的な意味では，経営者の具体的な（現実世界の）行動，すなわち外部の第三者との間の交換のみが「取引」と呼ばれるが，財務会計においては抽象的な意味で，広く，企業資本の増減（すなわち運動）すべてが取引として認識されるのである。この点で，日常用語の「取引」と財務会計ないし複式簿記でいう専門用語としての「取引」とではそれぞれが指示する対象に相違が生ずる。

　したがって，専門用語としての「取引」には，各種の修正仕訳や振替仕訳も含まれ，取引ゆえに記録の対象になるというよりも，むしろ記録の対象になるから取引であると考えた方がより適切であろう。

第3章 取引の二面的認識

I 企業資本の増減の二面的認識

　財務会計では，企業資本を二面的に認識することが基本原則であるが，さらに取引すなわち企業資本の増減もまた二面的にとらえることになる。企業資本の増減を二面的に分類するという前提のもとでは，運用面での増加は同時に調達面での増加をともない，また，調達面での増加は一対として運用面での増加をともなうことになる。

　前述のリンゴのたとえからも明らかなように，リンゴの増加分はどの産地のものかということと，どのような用途に使われているかという二つの側面で認識され，それぞれの側面において分類される。したがって，調達面での増加と運用面での増加は一対として記録され，調達面での減少と運用面での減少も一対として認識される。繰り返し強調すれば，債権者受入分（債権者与信分），事業主受入分（事業主拠出分），経営者稼得分（自己増殖分）の増加は，すべて企業資本の調達面の増加であるが，同時に，これらの増加は運用面の増加をともなう。反対に，運用面での増加は，必ず，事業主受入分か，債権者受入分か，経営者稼得分の増加をともなうのである。増加分は調達面においても運用面においてもともに増加として認識されるのであるから運用面での増加を調達面では減少というように認識することはない。また，運用面での減少を調達面での増加と認識することはない。

　このように考えることによって，企業資本そのものを主体とした調達面の分類，すなわち，債権者受入分，事業主受入分，自己増殖分という3つのカテゴ

リーは運用面で分類された企業資本全体にまったく同じ次元で対峙することができるのである。

II 財務会計における一面的認識と二面的認識

(1) 説例による認識構造の説明

ここで，次のような簡単な説例を使って，一面的認識と比較しつつ財務会計における二面的認識を具体的にみていくことにしよう。なお，説例における①～⑩の取引はそれぞれ独立しており，一連の企業活動ではない。

【説例】
① 元手100万円を現金で用意し，営業を始めた。
② 銀行から30万円の融資を受けた。
③ 商品（原価50万円）を現金60万円で販売した。
④ 買掛金40万円を現金で支払った。
⑤ 事業主が私用のため店の金庫から現金30万円を引き出した。
⑥ 従業員の給料60万円を現金で支払った。
⑦ 備品80万円を現金で購入した。
⑧ 事業主からの借入金70万円を元入金の追加とした。
⑨ 当期の利益20万円を資本金に振替えた。
⑩ 買掛金25万円の支払として支払手形を振り出した。

(2) 取引の一面的認識

この説例における①～⑩の取引を，それぞれ一面的に認識する場合の認識のしかたを示すと，次のようになる。

①現金の増加　　　100万円
②現金の減少　　　30万円

③商品の減少　　　　50万円
　現金の増加　　　　60万円
④現金の減少　　　　40万円
⑤現金の減少　　　　30万円
⑥現金の減少　　　　60万円
⑦備品の増加　　　　80万円
　現金の減少　　　　80万円
⑧借入金の減少　　　70万円
　資本金の増加　　　70万円
⑨利益の減少　　　　20万円
　資本金の増加　　　20万円
⑩買掛金の減少　　　25万円
　支払手形の増加　　25万円

　この説例のうち，③，⑦，⑧，⑨，⑩の取引は，いずれも，いわゆる交換である。つまり，③は資産と資産の不等価交換であり，⑦は資産と資産の等価交換，⑧は負債と資本の交換である。そして⑨は利益と資本の交換である。最後の⑩は負債と負債の交換である。

　日常用語の「交換」は資産と資産の交換を意味するが，後（本章の第Ⅲ節）に，詳述するように，財務会計では，負債と資本，負債と負債の交換，すなわち調達面での振替も「交換」ないし「交換取引」に含まれる点は指摘しておかなければならない。

　さて，一面的認識では，交換については，日常用語の「取引」と同義にとらえ，引渡した財と受入れた財の両方を認識する。言い方を換えれば，交換を'give and take'という二つの流れとして認識する。しかしながら，その場合でも，'give'（減）の流れついては一面的に認識し，'take'（増）の流れについても一面的に認識しているといえよう。したがって，交換の認識は二つの一面的認識の結合と考えられる。

（3）複式簿記における二面的認識

これに対して，同じ説例を二面的に認識すると次のようになる。

①は資産の増加と資本の増加という取引である。元手100万円を用意して営業を始めたという場合は，企業資本が100万円増加するが，この増加（取引）については次のように分類される。すなわち，運用面で「現金」の増加100万円が認識される。同時に（それと一対として）調達面でも「資本金」（事業主受入分）の増加100万円が認識される。いま，仮に，運用面と源泉面のそれぞれの増減を別々に示すことにすると次のようになる。

　　　　　運用面　　　　　　　　　　　　調達面
　「現金」という資産の増加100万円　　「資本金」という資本の増加100万円

②は資産の増加と負債の増加という取引である。この種の取引についても，企業資本の増加を運用面で分類され，同時にこの増加がどの源泉からもたらされたかというように調達面でも分類される。銀行から30万円の融資を受けたという場合は，企業資本が30万円増加するが，この増加を運用面で分類すると，現金の増加30万円として認識される。また調達面では「借入金」（債権者受入分）の増加30万円として認識される。ここでも，運用面と調達面の増減を別々に示すと，次のようになる。

　　　　　運用面　　　　　　　　　　　　調達面
　「現金」という資産の増加30万円　　「借入金」という負債の増加30万円

③は資産の増加と利益の増加という取引である。商品60万円を現金販売した場合は，企業資本が60万円増加するが，この増加は運用面で現金の増加60万円として認識されると同時に，源泉面で売上（経営者稼得分）という収益の増加60万円として認識される。この増加分について，これまでと同様に，運用面と調達面のそれぞれの増減を示すと次のようになる。

　　　　　運用面　　　　　　　　　　源泉面
　「現金」という資産の増加60万円　「売上」という利益の増加60万円

　なお，商品の原価50万円は仕入時（過去）に，その増減を二面的に認識しているはずであるので，ここでは，その記載を省略する。
　以上の①〜③のケースは企業活動に即して認識すれば，いずれも企業資本の増加をもたらす取引であり，その意味で同型の二面的認識がなされている。逆に企業資本の減少をもたらす取引についても二つの側面から認識することになる。
　④は資産の減少と負債の減少という取引である。買掛金40万円の支払を現金で行ったという取引の場合，企業資本は減少するが，その減少40万円についても，財務会計では，運用面での減少と調達面での減少というように二面的に認識することになる。この減少について，運用面と調達面を別々に示すと，次のようになる。

　　　　　運用面　　　　　　　　　　調達面
　「現金」という資産の減少40万円　「買掛金」という負債の減少40万円

　⑤は資産の減少と資本の減少という取引である。企業資本の減少が運用面での減少と調達面での減少として認識されるケースである。事業主が私用のため店の金庫から現金30万円を引き出したという場合には，それは事業主受入分の減少を意味するのであるから，次のように企業資本の減少を資本金（事業主受入分）の減少と現金（資産）の減少というように二面的に認識することになる。

　　　　　運用面　　　　　　　　　　調達面
　「現金」という資産の減少30万円　「資本金」という資本の減少30万円

　⑥は資産の減少と利益の減少という取引である。この種の企業資本の減少は

35

運用面では現金（資産）の減少が認識され，調達面では利益（経営者稼得分）の減少が認識されるという場合である。従業員の給料60万円を現金で支払ったという場合の企業資本の減少は次のように二面的に認識される。

運用面	調達面
「現金」という資産の減少60万円	「給料」という利益の減少60万円

Ⅲ 交 換

　交換は典型的にはAという資産を引き渡し，その見返りとしてBという資産を受け入れるという取引である。この意味での「交換」は，もともとは，運用面だけで企業資本の増減を認識するときに用いられる用語である。すなわち，企業資本（資産）の増加と企業資本（資産）の減少という組み合わせの取引である。

　ただし，財務会計では，調達面だけの増減もまた交換ないし交換取引と呼ぶ。たとえば，負債の増加と負債の減少という組み合わせの取引や資本の増加と負債の減少という取引，あるいは資本の増加と利益の減少という取引もまた会計上の専門用語としての交換（振替）に当たる。

　企業資本の運用面だけの一面的な増減は，ある資産から別のある資産への変化ないし振り替わりとして認識される。この変化ないし振り替わりを人と人との間の営みとしてとらえた場合が，日常用語としての「交換」ないし「取引」を意味することが多い。日常用語としての「交換」すなわち運用面だけで企業資本が増減する場合の取引では，等価交換を前提にするかぎり，増加と減少が同額であるので，全体としては企業資本の増減はない。ちなみに，不等価交換の場合の差額分については運用面での増減と調達面（経営者稼得分）の増減を認識する。

　これまで，繰り返してきたように，財務会計における二面的認識では，企業資本の増加は運用面の増加と調達面の増加という二つの面で認識し，また企業

資本の減少も運用面の減少と調達面での減少という二つの面で（一対として）認識する。あくまでも，企業資本の増加は運用面と調達面においてともに増加が認識され，企業資本の減少は運用面と調達面においてともに減少が認識されるのである。

そこで，例えば，Ａという資産とＢという資産の交換について財務会計上の取引として認識されるためには，この交換が二つの流れから構成されていると考えるのである。すなわち，

① Ａという資産の減少
② Ｂという資産の増加

というように，この交換取引を二つに流れに分けて，①および②について，すなわち，それぞれの流れについて二面的認識をするのである。

先の説例における⑦は資産の増加と資産の減少という交換である。備品80万円を現金で購入したという場合は，企業資本（現金）が80万円減少したという取引と，企業資本（備品）が80万円増加したという取引の合体であると考える。そこで，前半の取引は次のように二面的に認識する。

運用面	調達面
「現金」という資産の減少80万円	「原価」という利益の減少80万円

続いて，後半の取引を次のように二面的に認識する。

運用面	調達面
「備品」という資産の増加80万円	「原価」という利益の増加80万円

なお，ここでは，とりあえず，資産の減少は利益（経営者稼得分）の減少をともない，資産の増加は利益（経営者稼得分）の増加をともなうと考え，利益

（経営者稼得分）の増減を総称して「原価」という用語を当てておくこととしている。

　⑧は負債の減少と資本の増加という交換である。店主からの借入金70万円を元入金の追加とした場合の企業資本の動きは，負債（債権者受入分）が減少し，資本（事業主受入分）が増加するというように調達面だけで企業資本の増減が認識される振替である。しかし，負債の減少は必ず運用面での減少をともなうはずであるし，資本の増加は必ず運用面の増加をともなうはずである。そこで，増減の二つの流れは，それぞれ，運用面と調達面で二面的に認識される。すなわち，まず借入金の減少について，

　　　　　運用面　　　　　　　　　　　調達面
　「現金」という資産の減少70万円　　「借入金」という負債の減少70万円

と認識し，続いて，資本金の増加について，

　　　　　運用面　　　　　　　　　　　調達面
　「現金」という資産の増加70万円　　「資本金」という資本の増加70万円

と認識する。前記⑦における「原価」のときと同じく，ここで，「現金」は調達面での増減にともなって生ずる運用面の増減を表すときに便宜的に想定された資産の名称である。

　ところで，説例⑧とは反対に，例えば店主に対する貸付金90万円を免除した場合の企業資本の減少は，交換ではなく，運用面で資産の減少を認識し，同時に，調達面でも資本の減少が認識される取引である。すなわち，次のように運用面と調達面で二面的に認識される取引である。

　　　　　運用面　　　　　　　　　　　調達面
　「貸付金」という資産の減少90万円　　「資本金」という資本の減少90万円

　⑨は個人事業の場合の利益の減少と資本の増加という交換である。株式会社においても，例えば，未処分利益を資本に振り替えるときには，同じく企業資本の増減を次のように認識することになる。まず，未処分利益の減少について，次のように二面的に認識する。

　　　　　運用面　　　　　　　　　　　　調達面
　「現金」という資産の減少20万円　　「未処分利益」という利益の減少20万円

　続いて，資本金の増加について，次のように二面的に認識する。

　　　　　運用面　　　　　　　　　　　調達面
　「現金」という資産の増加20万円　　「資本金」という資本の増加20万円

　⑩は負債の減少と負債の増加という交換である。買掛金25万円を支払手形を振り出して支払ったときは，負債の減少と負債の増加というように二つの取引に分解し，それぞれ次に示すように二面的に認識する。

　　　　　運用面　　　　　　　　　　　調達面
　「現金」という資産の減少25万円　　買掛金という負債の減少25万円

　続いて，

　　　　　運用面　　　　　　　　　　　調達面
　「現金」という資産の増加25万円　　支払手形という負債の増加25万円

　上記⑨，⑩での，二つ増減の認識における「現金」もまた，調達面での企業

資本の増減は運用面では，資産の増減を必ずともなうと考えるため，便宜的に想定された資産である。

　以上のように，交換のときには，企業資本の増減の認識は二つの取引に分けて，それぞれの取引を二面的に認識する。すなわち，上記の説例では，

　③，⑦は受け入れた資産の二面的認識と引き渡した資産の二面的認識，
　⑧は減少した負債の二面的認識と増加した資本の二面的認識，
　⑨は減少した利益の二面的認識と増加した資本の二面的認識
　⑩は義務の解除された負債の二面的認識と新たに負われた負債の二面的認識，
である。

　ただし，③は不等価交換であるため，受入資産と引渡資産の価額が異なるが，⑦と同様に考えることができる。

　そして，いずれの二面的認識も，企業資本の増加については，二面とも増加を認識し，企業資本の減少については二面とも減少を認識している点に注意しなければならない。

　このように，財務会計では，交換の場合も二つの取引の合体と考えて，それぞれの取引について，一方の受け入れた財を運用面だけでなく調達面でも認識し，他方の引き渡した財も運用面だけでなく，同時に調達面でも認識する。すなわち，増加した財，減少した財について常にそれぞれ二面的に認識するのである。

　こうした認識構造としての二面性は財務会計の根底に存在する根本原則の一つである。この根本原則を知ることによって財務会計の認識構造を理解することができるようになる。二面的認識はいつの時代にも，そしてまたどの社会においても，さらに企業の規模や所有形態に関係なく，共通して財務会計とみなされるための不可避の属性なのである。

第4章　二面的認識と貸借対照表(1)

I　「純資産」に関する諸説

　当然のことであるかのごとく「純資産」は図4-1に示すように，貸借対照表上，負債と同じく右側に表示される[1]。しかしながら，このことを自明のこととして片付けてしまうわけにはいかない。

貸借対照表

資　　産	負　　債
	「純資産」

図4-1

　図4-1に示されるように貸借対照表がTフォームすなわち勘定形式で示されていることに起因して「純資産」の解釈は二つの立場に分かれる。
　第一は，図4-2が示すように貸借対照表を一つの勘定と理解し，「純資産」を資産と負債の差額すなわち正味の資産と考える立場である。第二は，図4-3が示すように貸借対照表を均衡表であると理解し，「純資産」は負債と同質のもの，あるいは同列に位置するものと考える立場である。

図4-2　　　　　　　　図4-3

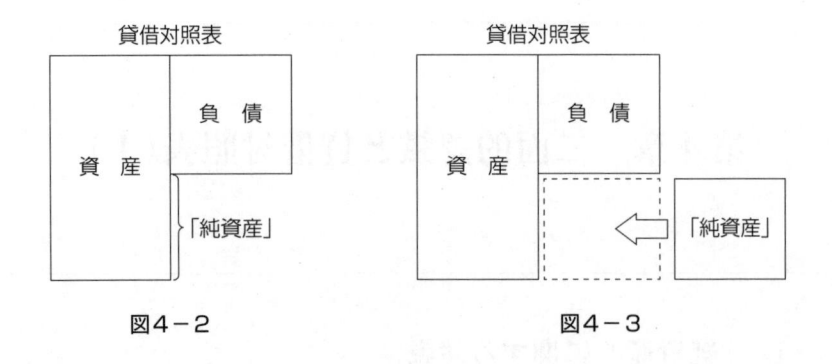

Ⅱ　貸借対照表を勘定と理解する立場

（1）純資産を「残高」とする考え

　以上の二つの立場のうち，第一の立場，すなわち「純資産」が資産と負債の差額であるとする立場を算式で示すと，次のとおりである。周知のようにこの算式は資本等式と呼ばれる。

> 資産　－　負債　＝　資本（「純資産」）……………資本等式

　これは事業主と企業は一体であり，事業主の立場から財務会計は行われるという古くから存在してきた会計理論と軌を一にする。そもそも複式簿記における勘定は同種の対象を記録・計算する装置であり，借方と貸方をプラスとマイナスの関係としてとらえ，差額を残高として計算する装置である[2]。つまり，勘定による記録・計算のルールは，

　①　借方と貸方の間にプラスとマイナスの関係がある
　②　一つの計算対象について一つの勘定が用意される

という二つのルールから成り立っていると理解できる。

貸借対照表に示されている「純資産」が借方（資産）と貸方（負債）の差額であるとする考えは，さらに二つの説に分けられる。一つは，貸借対照表が，Tフォームで表されるために一つの勘定として扱われ，勘定固有の加算・減算（プラス・マイナス）のルールの適用を受けることになるとするものである。その結果，貸借対照表の借方（資産）と貸方（負債）の間にはプラスとマイナスの関係が認められることになる。

他の一つは，「資産」および「負債」ということばの中には一つの計算対象についてのプラスとマイナスという意味がすでに含まれているという考えである。

（2）「借方と貸方の間にプラス・マイナスの関係がある」とするルール

(i) 純資産を計算上の差額概念とする立場

もともと，勘定の二つのルールのうちの①のルールには，どちらがプラスであり，どちらがマイナスであるかというところまでの決まりはない。つまり，借方をプラスとすれば，貸方はマイナスとなり，反対に借方をマイナスとすれば，貸方はプラスになるという性格が存在しているだけである。したがって，プラスとマイナスを統一的に理解するためには，どちらをプラスとし，どちらをマイナスとするかという点についてあらかじめ約束しておかなければならない。

広く，資産は借方，負債は貸方に記録される慣行が存在する。そこで，資産に焦点を当て，借方は資産のプラスであり，貸方の負債はその資産のプラスのマイナスすなわち減少であると一般的には考えられている。その結果，「純資産」は資産の増減の結果得られる資産全体の残高と考える。

この立場は，貸借対照表上のプラスとマイナスの関係を勘定に固有のルールという次元で説明づけるものである。この考えでは，負債の数値は負債であるのでマイナスということではなく，貸方であるのでマイナスと説明する。したがって，負債の数値が大きくなれば，資産のマイナスは大きくなり，その結果，

43

差額である資本（純資産）は小さくなる。

(ii) 「資産」および「負債」には正負の意味が含まれているという考え

　他の一つは，もともと資産と負債との間には，それぞれの意味内容からプラスとマイナスの関係が認められるとし，貸借対照表上のプラスとマイナスの関係を説明づけようとする立場である。例えば「資産」はプラスの価値物であり，「負債」はマイナスの価値物であるという意味がすでに「資産」および「負債」ということばの中に含まれていて，勘定の固有のルールを適用するまでもなく，換言すれば，勘定形式によらない場合であっても（例えば，報告式であっても），資産と負債との間に正負の関係を認めるのである。すなわち，貸借対照表は全体として価値の増減を記録する勘定であるとみなすことになる。

　「純資産」を差額概念，すなわち資産総額と負債総額の差額であるとするこれら二つの説は結果的には，共通して貸借対照表の借方（資産）と貸方（負債）を相殺すべき関係ないし方向が反対のベクトルにあると理解することになる。

（3）「一つの計算対象について一つの勘定が用意される」というルール

　もう一つの重要な勘定固有のルールである「一つの計算対象について一つの勘定が用意される」という前記②のルールによれば，貸借対照表には統一できる（加算および減算が可能な）計算対象が集計されていなければならない。このルールを前提にすると，借方と貸方を特定の計算対象の増減と符合させて，プラスとマイナス（あるいはマイナスとプラス）という関係を導くことが可能となる。

　貸借対照表が計算対象としているものについては，①資産，②純資産，③資本（価値）の三つが考えられる。

(i) 貸借対照表は資産の増減を記録・計算する勘定であるとする考え

　まず，貸借対照表の計算対象を「資産」であるとしよう。そして，図4-4のように，貸借対照表の借方には資産のプラスが記入され，貸方は，資産のマ

44

第4章　二面的認識と貸借対照表（1）

イナスが記入されるとあらかじめ決めておくことにする。すると，借方は資産の増加を意味し，貸方は資産の減少を意味する。そして，両者の差額は資産の残高を表すことになる[3]。

貸借対照表

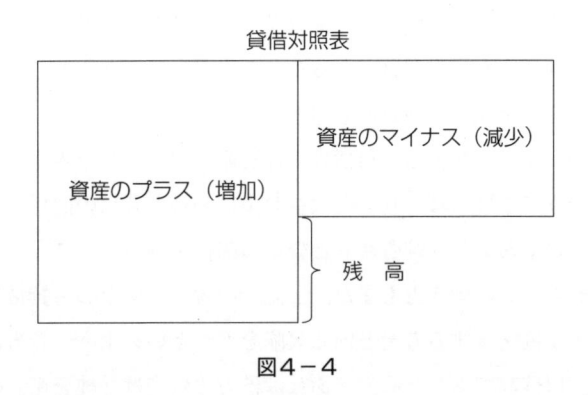

```
┌─────────────────┬───────────────────┐
│                 │                   │
│                 │  資産のマイナス（減少） │
│  資産のプラス（増加）│                   │
│                 ├───────────────────┘
│                 │
│                 │─ 残　高
└─────────────────┘
```

図4－4

　しかしながら，貸借対照表が一つの勘定であるといえるためには，借方に計上されている金額を加算（合計）し，貸方に計上されている金額を加算（合計）し，さらに借方合計から貸方合計を減算することができなければならず，しかも，差し引きした結果が何らかの意味のあるものでなければならない。言い換えれば，差額が資産の正味の有高という意味を持たなければならず，したがって，資産と負債が，本来，同質でなければならないのである。また，そうでなければ，勘定形式による加算・減算のルールによって資産と負債の間の正負の関係および差額が正味の資産であることを説明できないはずである。この説では，この点について必ずしも十分な説明がなされえない。

　さらに，純資産が総資産から負債合計を控除した差額概念であるとすると，純資産は，本来，借方項目であり，貸方に記入するときは簿記の伝統に従っていえば朱記されるべきであると考えなければならない。この点についても，明らかにされていない。

　貸借対照表がその計算対象を資産とする一つの勘定であるという考えには，以上のような問題があるといえよう。

45

(ii) 貸借対照表は「純資産」の増減を計算する勘定であるとする考え

　この考えは，例えば，損益計算書において収益は利益の増加，すなわち利益のプラスを表し，費用は利益の減少，すなわち利益のマイナスを表すと考える場合と同じように，貸借対照表を「純資産」の増減を表す勘定であるとみなすものであり，純資産が貸方項目であることを説明しようとするものである。したがって，資産の増減と「純資産」の増減が反対の動きをするためには資産が「純資産」のマイナスを表し，負債は「純資産」のプラスを表すといえなければならず，そうでなければ，利益と収益および利益と費用の関係と同じように「純資産」と負債および「純資産」と資産の関係を理解することはできない。

　しかしながら，この考え方もまた，上記(i)の考え，すなわち貸借対照表は資産の増減を表す勘定とする考えと同じ欠陥をもつといえよう。貸方に表示される「純資産」は残高であり，そうであれば借方の資産は「純資産」の減少となる性質のものと考えなければならないからである。

　すなわち「純資産」は前期から繰り越されてきた「純資産」と当期の増加した負債の合計額から資産の増加分を差し引きした差額概念である。このように考えることによって，もともと負債は「純資産」の内訳項目であり，「純資産」の計算においては差し引かれるべきものの一部であるということになる。そして残高は差し引きされた結果（差額）である。したがって，差額である「純資産」の残高は貸方に示されることになると考えなければならない。

　すなわち，この考えでは貸方全体から借方をマイナスした結果が残高としての「純資産」であり，「純資産」は貸方項目となるので，「純資産」は貸借対照表の貸方に異質のものとして朱記されなければならないものではないのである。

　しかしながら，収益と費用の関係を価値の増加と価値の減少の関係，あるいは成果分と努力分という関係とみなし，利益は両者の差額であるというように，収益と利益との間の同質性（ともに，「経営者稼得分」である）を説明できるほどには，資産と「純資産」および負債と「純資産」の間の関係を説明することができないことは確かである。それ故，資産は「純資産」の減少，負債は「純資産」の増加といえるためには，「純資産」と負債との間の同質性はもとより，

ここでもやはり収益と費用との間のプラス・マイナスの関係のように「資産」の意味と「負債」の意味との間に「純資産」をはさんでプラス・マイナスの関係を説明できなければならないのである。

(iii) 貸借対照表は資本（価値）の増減を計算する勘定であるとする考え

　財務会計の記録・計算の対象となるものは経済的価値であることはすでに第1章において述べたとおりである。この経済的価値の有高や増減を計算するときの共通の尺度として貨幣数値が用いられるというのが貨幣評価の公準であった。したがってこの考えによれば，資産は具象的な財産を意味するのではなく，抽象的な資本（経済的価値）のプラスを意味するとみなすことになる。それ故負債は資本のマイナスを意味するとみなす。その結果，貸借対照表は正味の「資本」の有高を計算する資本勘定であるということになる。つまり，資産のマイナスが負債ということではなく，資産が資本のプラス，負債が資本のマイナスであるので，両者の間にプラスとマイナスの関係が生ずると考えるのである。

　しかしながら，その場合には，「純資産」との関係をはさんで資産と負債の差額を意味するのではなく，資本との関係をはさんで差額を認識するのであるから，差額は「純資産」ではなく，「純資本」と表示しなければならないはずである。また，ここでもやはり，資産は資本のプラス，すなわちプラスの価値の増加であり，負債は資本のマイナス，すなわちマイナスの価値の減少であるということが説明できなければ，資本勘定として貸借対照表を説明することはできない。したがって，この考えも問題がないわけではない。

　以上のように，いずれの考えによっても，貸借対照表上の資産と負債の関係は，勘定のプラスとマイナスの関係として統一的に説明することが困難であり，資産と「純資産」そしてまた負債と純資産との間の同質性を認める根拠を提供することはできない。したがって，貸借対照表を勘定であるとすることにより，資産はプラス項目であり，負債はマイナス項目であると説明することは困難で

あるといわざるを得ないのである。

Ⅲ　貸借対照表を均衡表として理解する立場

　これまで述べてきた諸説に対し，企業を事業主から分離させ，企業それ自体の存在を観念的に認めるという企業観を根底にもつ会計理論では，貸借対照表は，しばしば，次のような貸借対照表等式と呼ばれる等式で示される内容を表していると理解される。

$$資産 \ = \ 負債 \ + \ 資本（「純資産」）\ \cdots\cdots 貸借対照表等式$$

　この場合には，「純資産」ははじめから負債と同質または同等の性格をもつ項目であるとみなすことになる。こうした考え方にも，さらに二つの説を認めることができる。
　一つは，この等式の左辺と右辺の間に均衡関係を認めるが，その均衡関係は図4-5が示すように，全体として両者の間の「対応関係」を意味しているとする説である。
　他の一つは，図4-6が示すように，貸借対照表は単に一つの認識対象を二つの側面から分類したものを対照表示しているにすぎないので，資産と負債・「純資産」との間には二面性ないし対照関係が認められるだけである，とする

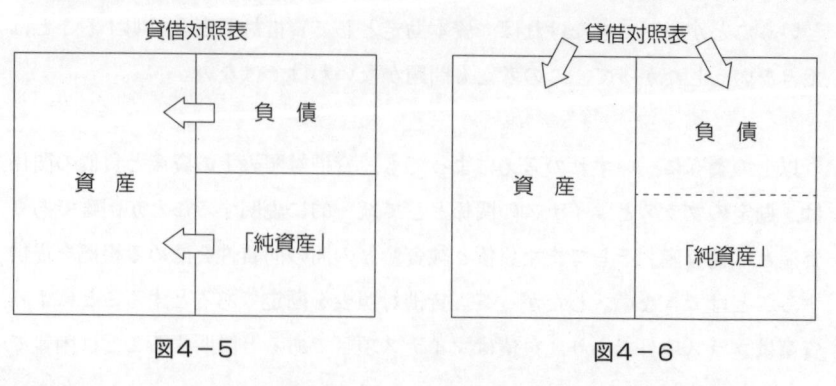

　　　図4-5　　　　　　　　　　　　図4-6

立場である。

　同じ認識対象を二つの側面からそれぞれ分類するのであるから，上記の等式の左辺と右辺ははじめから均衡しており，右辺を負債と「純資産」とに分けるのは右辺の総額を何らかの制度上の要請に基づいて細分類しているだけであるとする立場である。

（1）貸借の間に対応関係を認める場合

　図4－5は貸借対照表上の資産側と負債・「純資産」側とは，全体でバランスするということを前提とし，資産に対して負債と「純資産」を割合に応じて対応させ，そのように対応していることを可視的に表したものである。したがって，ここでは負債と「純資産」の割合の決定がいわばパイの分け前を決めるかのごとく重要な意味をもつことになる。この考えの前提として資産は必ず負債または「純資産」のどちらかに対応しているということをあげることができる。

　さらに，資産に対する負債の関係と資産に対する「純資産」の関係は同質であるとする考えが前提にある。こうした均衡関係の考え方も，さらに

① 資　産＝持　分[4]
② 資　産＝請求権[5]

という二つに分類される。すなわち，資産に持分を対応させる考えと，資産に請求権を対応させる考えである。

(i)　「資産＝持分」と考える立場

　この考えは，貸借対照表を均衡表として理解する場合，その均衡関係を「資産＝持分」ととらえ，貸借対照表が資産全体に対して持分を対応させて表示しているとみなすものである。この場合，持分は債権者持分と事業主持分とに二分され，

$$\boxed{\text{資産 = 債権者持分 + 事業主持分}}$$

という均衡式をもって貸借対照表を理解するのが普通である。図4－7が示すように,「純資産」はこの二区分のうち,事業主持分を意味することになる。

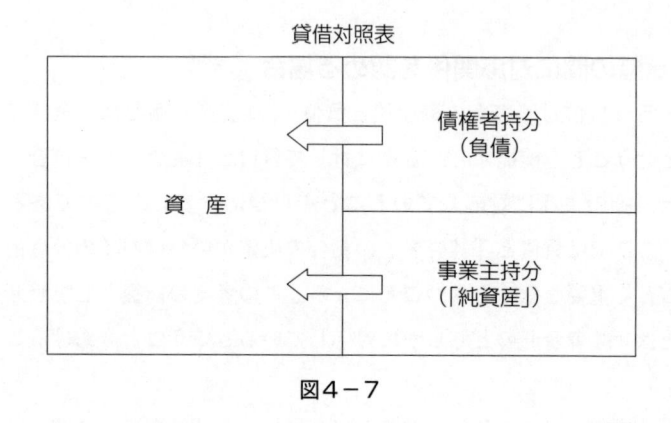

貸借対照表

資　産	債権者持分 （負債）
	事業主持分 （「純資産」）

図4－7

　この説の問題点は利益についての取り扱いである。例えば,企業自体の持分というような第三区分を設けないかぎり,債権者と事業主のどちらともつかない金額,とりわけ利益は,理論的には持分割合に応じて債権者と事業主に按分されるはずである。しかしながら,この立場では,あくまでも二区分を前提にし,かつ利益の全額が事業主持分に含められる。この点にこの立場の大きな特徴がある。

　また,この説は均衡を前提にするので,結果的に,資産総額に対する債権者と事業主の間の持分割合を示すことになるが,債権者持分と事業主持分との間に優先順位をつけるところまでは考えていない。もともと持分は,資産に対する所有割合を意味する。それ故,事業主も債権者も,いずれも資産の所有者（延いては,企業の所有者）という同等の立場であると考えることもできる。したがって,図4－8のように発想を転換することも理論的には可能となる。

第4章　二面的認識と貸借対照表（1）

貸借対照表

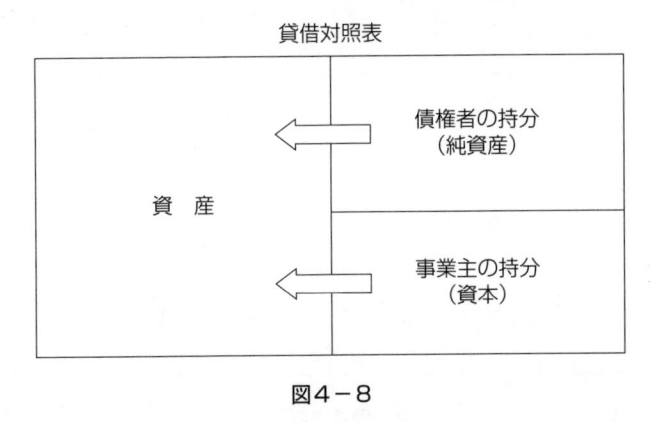

```
┌─────────────────────┬─────────────────────┐
│                     │  ← 債権者の持分     │
│                     │    （純資産）       │
│        資　産       ├─────────────────────┤
│                     │                     │
│                     │  ← 事業主の持分     │
│                     │    （資本）         │
└─────────────────────┴─────────────────────┘
```

図4－8

図4－8は,

| 資産総額 － 事業主持分 ＝ 債権者持分（「純資産」とする） |

という債権者持分を算式上の差額とするという考えを示すものである。現実には，このような考えを実践した制度は存在しないが，形式上は，債権者持分をもって「純資産」と考えることも可能である（本章のⅡ節の（3）の(ii)の考え方および第5章のⅠ節の（1）における「プラスとマイナス」の関係と比較されたい）。とりわけ，債権者を保護する思想と結びつけて考える立場ではこうしたとらえ方はそれなりに意味をもつであろう。したがって，この立場においては事業主持分をもって「純資産」としなければならないとする必然性を認めないのである。

(ii)　「資産＝請求権」とする立場

　貸借対照表の構造を，図4－9に示すような「資産＝請求権」とみなす考えは，貸借対照表上の「純資産」と負債をもって，それぞれが資産に対する分配請求権を表し，このうち，「純資産」は事業主の請求権すなわち最終的な残余財産分配権を意味し，負債は債権者の請求権すなわち返済請求権を表すとするものである。

51

貸借対照表

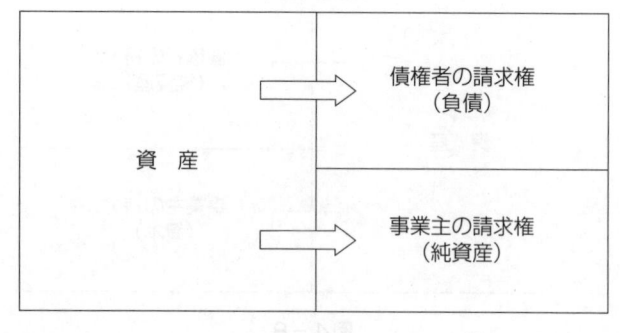

図4-9

　この立場のように，持分を請求権という権利に置き換えるときには，請求権は分配請求権であることが前提となるので，請求権と請求権との間の優先順位を決定する必要が生ずる。通常は，債権者保護という思想が加わり，その思想を基本原則にして優先順位が決定される。つまり，債権者の請求権を事業主の請求権に優先させるのである。

(iii) 債権者保護の実行方法

　ところで，分配に当たっての優先順位は，まず，どちらを重視するかという重要性の判断により決定され，次に，どちらを先に計算するかという，計算の時間的前後の決定という二つの段階を踏んで実行される。資産に対する請求権の優先順位を決定するケースでは，まず，債権者保護の思想により債権者の請求権を事業主の請求権よりも重要視する。そして，時間的な前後関係では，事業主の請求権を残余財産の分配権だけに限定する場合と，残余財産の分配と利益の配当という二つの請求権からなる場合とで若干異なる。

　事業主の請求権が残余財産の分配だけを内容とする場合は，債権者の請求権を優先させるためには，先に債権者への分配可能額（返済可能額）を計算（確保）し，残りを事業主への分配可能額として計算（確保）するという順序で行われる。つまり，債権者の請求額に見合う財源を先に確保することによって，

事業主への分配可能額に制限を加え，結果として事業主への分配可能な財源を限定するのである。これを図で示すと**図4−10**のようになる。

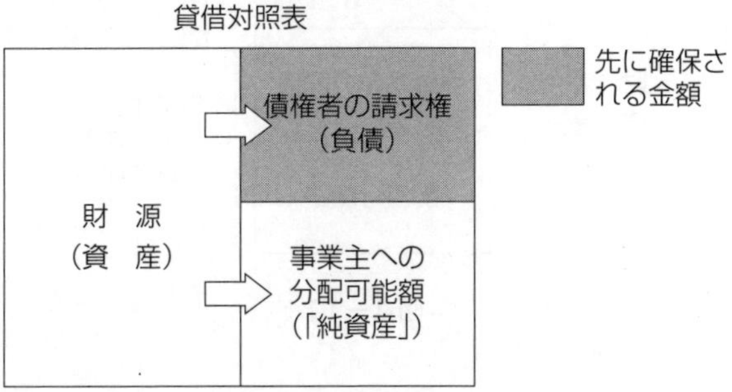

図4−10

次に，事業主の請求権が残余財産の分配と利益の配当からなる場合には債権者保護の思想は，通常，資本充実・維持の原則により債権者の請求権を第一順位，事業主（株主）の残余財産分配権を第二順位，そして第三順位として配当可能額が計算されるというかたちで実行される。

つまり，この場合の債権者保護のための会計上の操作は，まず，債権者の請求権と事業主の残余財産分配権を確保し，残りを配当可能額として計算するという順序でなされる。債権者にとっては，自分が優先権をもつ財源として，「負債＋元入資本」の金額に相当する財源がまず確保されることになる。

したがって，債権者にとっては，事業主の残余財産分配可能額の分だけ，担保力が大きくなり，結果として，大きく保護されることになる。逆にいうと，このようなかたちで，制限が加えられるのは最初に事業主への配当可能額である。こうすることによって債権者と事業主との間で会計上の利害調整がなされる。この考えを図で示すと，**図4−11**のようになろう。

貸借対照表

財　源 （資産）	債権者の請求権 （負債）
	事業主の 残余財産分配権 （資本）
	配当可能額

■ 先に確保される金額
□ 次に確保される金額

事業主への分配可能額（「純資産」）

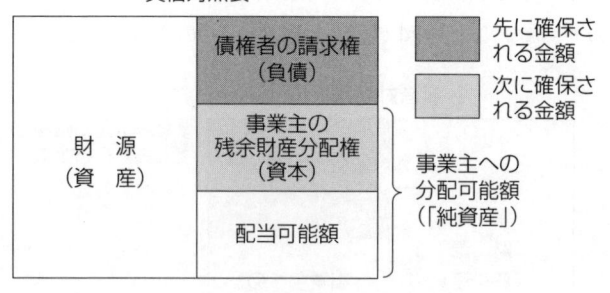

図4-11

　財源としての資産と請求権とが均衡しているとする，この立場の最大の問題点は，優先順位の決定である。しかし，優先順位の決定自体は会計に固有の問題ではない。また，厳密にいえば，配当可能額のうち，実際の配当額を超える部分（留保利益）については，事業主の請求権の中に含まれることになるが，そのことの会計理論上の根拠が認められないのである。それにもかかわらず，留保利益が事業主の請求権を表す「純資産」に含められるとする点に問題がある。

　さらに，資産に対して請求権を対応させるこの立場では，資産から負債を差し引くための会計理論上の直接的な根拠を示すことはできない。ただ，債権者保護の思想のもとでの優先順位に従って，請求権の総額の中から債権者の請求分を先に確保し，その残りを残余財産分配額あるいは配当可能額を計算する過程の中で，マイナスの認識がなされるだけである。

　以上述べてきた，貸借対照表の借方と貸方の間の対応関係は資産と持分ないし請求権との間にある関係であり，対象に対する権利の関係である。持分は所有割合を表すから利害関係者を内部視（所有者とみなす）し，請求権は分配を請求する権利を表すから利害関係者すべてを外部視（債権者とみなす）しているという違いはあるものの，資産総額に対する利害関係者の関わりを意識した考えである点で共通しているのである。

(注)
(1) 例えば，日本経済団体連合会で定めている貸借対照表のひな形など。
(2) 安平昭二『簿記要論（六訂版）』同文舘出版，2007年，18頁。
(3) 同書，22頁。
(4) 詳しくは，高松和男『持分会計論』森山書店，1969年，38頁参照。
(5) こうした考えはAAA, "Accounting and Reporting Standards for Corporate Financial Statements (1957 Revision)", 1957（中島省吾訳『増訂（8版）AAA会計原則』中央経済社，1971年）にみられる。

第5章　二面的認識と貸借対照表（2）

I　貸借の間に対応関係を認めない場合

　同じく貸借対照表を均衡表と見る立場であっても，資産に対する持分あるいは資産に対する請求権というような対応関係を借方と貸方の間に認めない立場が存在する。

　前章の図4-6は，貸借対照表が同じ認識対象を二つの側面（借方と貸方）で認識し，その認識に基づいて，それぞれ，別々に細分類したものを対照表示したものであるということを示している。したがって，この考え方では，借方と貸方の間の直接的な結びつきは，あまり問題にされることはなく，負債と「純資産」の割合も重要な意味をもつものではない。ただし，認識対象が同一である以上，全体として当然，借方と貸方とは均衡する。こうした考え方にも，少なくとも

① 　資産＝資本
② 　具体＝抽象
③ 　資本＝資本

というように，三つの説がある。

（１）「資産＝資本」と考える立場

　貸借対照表の借方と貸方の関係は企業資本の二面を対照表示したものと考える立場で最もよく知られているのは，貸借対照表の構造を図５－１が示すような「資産＝資本」というかたちで理解する立場である。

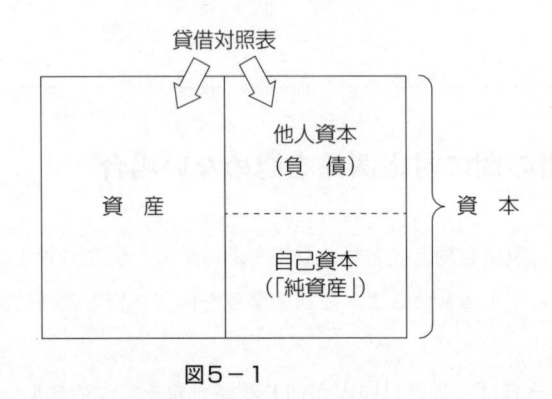

```
                     貸借対照表
        ┌─────────┬─────────┐
        │         │  他人資本 │
        │         │  （負債） │
        │  資　産 │─ ─ ─ ─ ─│ 資　本
        │         │  自己資本 │
        │         │（「純資産」）│
        └─────────┴─────────┘
                   図５－１
```

　「負債」は他人資本，「純資産」は自己資本というように，貸借対照表に表示される「負債」も「純資産」も，ともに資本と考えるところから，この立場は

$$資　産　＝　資　本$$

という等式でもって，貸借対照表を統一的に説明しようとするものであるといえよう。もともと，こうした均衡式は，企業そのものの立場を認めることを前提にしているものであり，その意味で事業主と企業とが一体であるとする会計の考えとは一線を画している。

　とはいえ，資本の総額を自己資本と他人資本とに区別するときの，「自己」と「他人」との区別は明らかに事業主の観点からなされているのであるから，事業主中心の考え方がこの分類の根底に横たわっていることも事実である[1]。事業主の観点で会計が行われるからこそ，債権者に対する利子は費用とみなされ，利益は利子を控除した後の金額であり，配当金はもちろんのこと，留保される分も当然に事業主に帰属すると考えられる。さらに国庫補助金や工事負担

金のような事業主以外からの資金の受け入れについては,すべて事業主に帰属する利益とみなされるのである。しかしながら自己資本も他人資本も同じく資本であるとする考えを前提にもつこの立場では,こうした点について合理的に説明することが困難である。

　ただ,この立場では,資産と他人資本あるいは資産と自己資本の間には,直接的なプラスとマイナスの関係があると主張するものではない。仮にプラス・マイナスの関係を認めるとすれば,

```
資　産　＝　資　本
資　本　＝　自己資本　＋　他人資本
資　本　－　自己資本　＝　他人資本
```

という等式の展開の中でなされるプラス・マイナスのみである。資産合計は資本合計と等しいという均衡を前提にしているので,資本合計から自己資本を控除することは,間接的に資産合計から自己資本を控除することであり,両者の差額を他人資本と考えるということである。つまり,左辺と右辺との間のマイナス計算を右辺だけでマイナス計算をするというかたちに変え資本全体を一定として,そのうち,自己資本を先に定め,残りを他人資本とするという計算過程においてマイナス計算が認められるだけである。

（2）対応関係と対照表示の異同

　前章で述べた「資産＝持分」という考え方ないし「資産＝請求権」という考え方と,ここでの「資産＝資本」という考え方を比較すると,三者は貸借対照表を均衡表としてとらえ,その結果,「純資産」を差額概念とは考えない点で共通している反面,異なるところも多い。

　異なる点としては,まず,持分や請求権は事業主や債権者からみた場合の企業に対する関係であるのに対し,資本は企業自体の立場からみた場合の事業主や債権者からの受入分を意味していることを指摘できよう。つまり自己資本は事業主から受入れた元手であり,他人資本は債権者からの受入れた元手である。

次に，単に出資割合を意味する持分あるいは債権者保護の思想を加えた請求権と，事業主中心主義の理論を援用した資本とでは，利益の扱いをめぐって対立する。資産に対する持分を考えるのであれば，前述のように持分割合に応じて利益は按分されるべきであるが，債権者保護の要求が加わると，利益のうち，留保すべき分は債権者の請求権を担保するために配当可能額を制限するべき金額であると考えなければならない。反対に，資本を自己資本と他人資本とを区別する事業主中心主義によれば利益は配当分も留保分もすべて事業主に帰属することになる。

　そもそも自己資本と他人資本を区別するのは後々の解散のときの分配の時を想定して，それぞれの受入分についての優先順位を定めているとする考えのあらわれである。しかしながら資本の場合も，請求権の優先順位の決定と同じく分配を想定した優先順位の決定は会計の理論の問題ではない。

　また，「資産＝資本」という考え方においては権利と義務といった対応関係が資産と資本との間で特に認められることはない。対応関係を認識にしない点は，一つの認識対象を二つの側面から眺めるという立場に共通する最大の特徴である。すなわち，この立場では共通して貸借対照表を対応表示の均衡表ではなく対照表示の均衡表であると理解するのである。

　換言すれば，借方に対する貸方という関係を認めるのではなく，二つの側面を，別々の分類基準にもとづいて細分類しているという関係である。二つの側面に認識された資産そのものの分類および資本そのものの分類に過ぎない。別々の基準に従って分類されたものが二つの側面の間で相互に直接，対応するという関係ではない。

（3）「資本＝資本（具体＝抽象）」と考える立場

　貸借対照表は表示の対象としているものの二つの側面を対照表示する均衡表であると理解するもう一つの立場は，貸借対照表を図5－2が示すように，企業資本を対象にして一方を「具体」という観点から，他方を「抽象」という観点から二面的にとらえる均衡表であるとする考えである。ここでの，「企業資

第5章 二面的認識と貸借対照表（2）

本の具体＝企業資本の抽象」というかたちの均衡式を，煎じ詰めると，結局，企業資本＝企業資本，すなわち「資本＝資本」となると理解することができる。

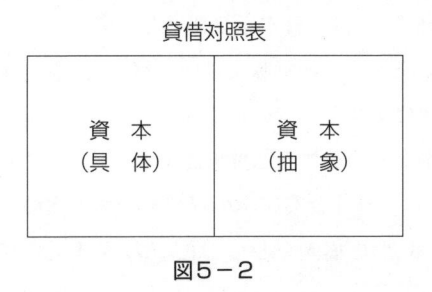

貸借対照表

資　本 （具　体）	資　本 （抽　象）

図5－2

　貸借対照表についてのこうした理解は，一方の資産に対する他方の持分，あるいは請求権というように両者をとらえる考えとは明らかに異なり，貸借対照表が対照表示するものは企業資本であり，資産側もそのまま資産として理解するのではなく，企業資本の具体的形態としてとらえるところに特徴がある。

　確かに，「具体＝抽象」というとらえ方は次節で改めて詳述する企業資本を調達源泉と運用形態の二面でとらえる立場と基本的には同じ考えである。しかしながら，そこで取り上げる二面が企業資本にとっては固有の二面であるとはいい難いところに，「具体＝抽象」という企業資本の二面的なとらえ方には問題がある。

　すなわち，「具体」と「抽象」は特に企業資本だけが持ち合わせている二つの側面であるというわけではない。その結果，「具体」および「抽象」をさらに細分類する会計上の基準ないし方法を見出すことができない。この点がこの理論の最大の問題点である。

　また，「具体」と「抽象」の意味もあいまいである。例えば，債権（例えば，受取手形）は具体であり，債務（例えば，支払手形）は抽象であると考えることが果たして妥当であろうか。

　おそらく，この理論は，はじめに元入れをしたときに，元入金を現金と資本金というように二面的に認識する場合を想定して，そのときの現金を「具体」，資本金を「抽象」と考え，それを敷衍して，こうした均衡式として一般化した

61

ものと思われる。あるいは，利益を財産の増加と考えるか，資本の増加と考えるかという問題意識を出発点にして，理論を展開し，貸借対照表上の資産全体を財産という「具体」，負債・資本を全体として資本という「抽象」として統一したものと思われる[2]。その意味では，「具体＝抽象」は「資産＝資本」という等式の言い換えにすぎないといえよう。

　貸借対照表を企業資本の具体面と抽象面を表現している均衡表であるとする理解は，「資産＝資本」を「企業資本の運用＝企業資本の源泉」という考えに結びつけるための，いわば橋渡しとして位置づけられるのである。

II　運用形態＝調達源泉と考える立場

　貸借対照表は企業資本を二面的にとらえ，対照表示するものであるとする第三の立場は，企業資本等式に基づいて，貸借対照表を理解し，その観点から対照表示を理解しようというものである。

　企業資本等式[3]は，

$$待機分＋派遣分＋充用分＋費消分＝算段分＋蓄積分＋稼得分$$

と表現することができる等式である。この等式を勘定形式ないし均衡表形式で示すと図5－3のようになる。

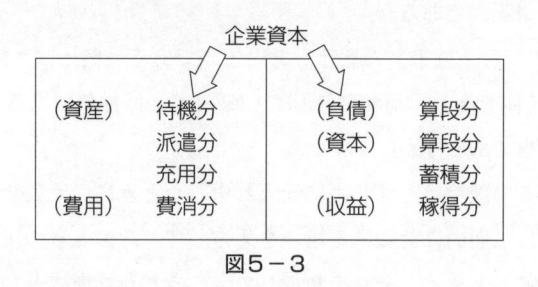

```
                    企業資本
        ┌─────────────┬─────────────┐
        │ (資産)  待機分 │ (負債)  算段分 │
        │        派遣分 │ (資本)  算段分 │
        │        充用分 │        蓄積分 │
        │ (費用)  費消分 │ (収益)  稼得分 │
        └─────────────┴─────────────┘
                    図5－3
```

第5章 二面的認識と貸借対照表（2）

この等式において，

```
派遣分 ＋ 充用分 ＋ 費消分 ＝ 行使分
算段分 ＋ 蓄積分 ＋ 稼得分 ＝ 調達分
```

とまとめると，結局，企業資本等式は，さらに次のような均衡式に変形することができる。

```
待機分 ＋ 行使分 ＝ 調達分
```

なお，利益はもともと収益（稼得分）から費用（費消分）を控除したものであるところから，収益（稼得分）を源泉とする企業資本である。費用の中には，債権者に対する利子が含まれるが，ここでは，株主に対する配当も費用と同様に取り扱い，そして配当を控除した後の留保利益（蓄積分）についてのみ第三の区分である得意先からの調達分（結局は経営者の稼得分といえよう）とみるのである。

また，行使分は言うまでもなく，企業資本の運用を意味する。そして待機分もまた，支払の準備あるいは，その他の活動に投下するために待機させられている状態の企業資本であるから，経営者の立場からいえば，これも運用の一種に含めることができる。

ところで，貸借対照表は企業資本の自己増殖運動の一時点における状態を表すものである。貸借対照表が表すものが一時点における状態であるということは，貸借対照表上は，図5－4のように，本来，運動あるいは活動である調達および運用それ自体ではなく，調達源泉，そして運用形態という一時点の状態を対照表示するものと理解しなければならないのである。

```
                    ⇩貸借対照表⇩
        ┌─────────┬──────────────┐
        │         │ 債権者という源泉  │
        │         │  からの調達分    │
        │         │    （負債）     │
        │         ├──────────────┤
運用形態 { │ 充用分・派遣分│ 所有者という源泉  │ } 調達源泉
        │  （資　産）│  からの調達分    │
        │         │    （資本）     │
        │         ├──────────────┤
        │         │ 経営者という源泉  │
        │         │  からの調達分    │
        │         │(留保利益および当期利益)│
        └─────────┴──────────────┘
```

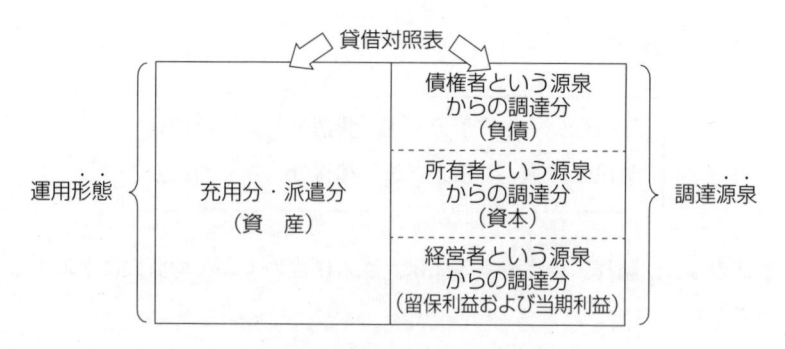

図5－4

　つまり，貸借対照表は，次の企業資本の均衡式を表すものと考えることができる。

$$\boxed{\text{運用形態＝調達源泉}}$$

　この考えによると，貸借対照表は，企業資本の運用形態と調達源泉を対照表示しているが，企業資本の運用形態と調達源泉との間には対応関係はなく，また，調達源泉は企業資本の運用形態に対しての控除項目としての性格をもつものではない。

　さらに負債は債権者（という源泉）からの調達分，資本は事業主（という源泉）からの調達分，そして利益は経営者（という源泉）による稼得分を意味しているというように調達源泉は三つの区分に細分類されるが，これら三つの区分は分配や払い戻しを想定するものではないので，三者間で優先順位を認める必要もない。したがって，各調達源泉の中での，優先順位に従ったマイナスを考える必要もないのである。

　前章も含めて，これまで述べてきた貸借対照表上の二面性の解釈ないし理解を分類整理すると，図5－5のようになる。

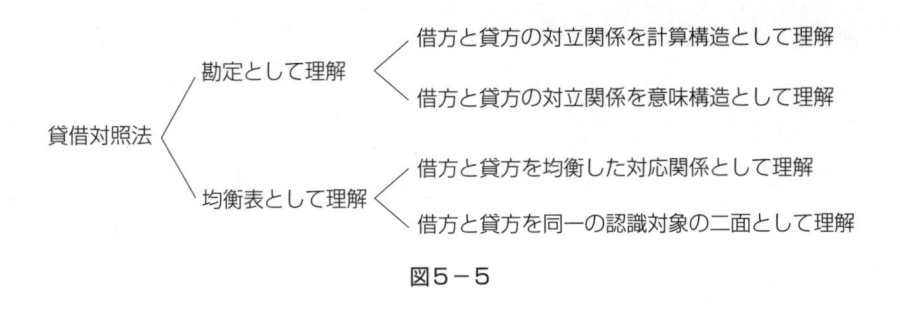

第5章 二面的認識と貸借対照表（2）

```
                        ┌ 借方と貸方の対立関係を計算構造として理解
          ┌ 勘定として理解 ┤
          │             └ 借方と貸方の対立関係を意味構造として理解
貸借対照法 ┤
          │             ┌ 借方と貸方を均衡した対応関係として理解
          └ 均衡表として理解┤
                        └ 借方と貸方を同一の認識対象の二面として理解
```

図5-5

Ⅲ 「純資産」の二面的認識構造のまとめ

さて，図5-5に従って，貸借対照表の借方と貸方の関係をまとめておくと以下のようになる。すなわち，貸借対照表を一つの勘定と考える立場であっても，あるいは対応表示した報告書と考える立場であっても，さらに対照表示した財務表と考える立場であっても，いずれの立場においても，左右が均衡するものであることを前提としている。そして，その共通の理解に基づいて「純資産」と負債とは同質かつ同等の項目であると解釈されなければならない。このことを踏まえて，図表5-5に従って，貸借対照表の二面的認識構造に基づく「純資産」の意味するものが何であるかを確認しておくことにする。

最初に，貸借対照表を一つの勘定としてとらえ，勘定の記録・計算ルールに基づいて，「純資産」を差額概念であると説明するためには，資産と負債が差し引きできる同質性をもつものでなければならない。そのためには貸借対照表が何を記録・計算の対象としているのかを明らかにしなければならない。これらの点について貸借対照表を勘定と考える立場には問題が残る。

あるいはまた，貸借対照表上の「資産」と「負債」との間には，一方がプラスで他方がマイナスであるとする意味作用が含まれているとする考えについてもその内容を明らかにしなければならないが，両者の意味作用の違い（一方がプラスで，他方がマイナスという違い）を認める根拠も見出せない。加えて，貸方項目として表示される「純資産」を借方と貸方の差額であるとする説明には無

65

理がある。

　そこで,「純資産」を差額概念としてではなく,貸借対照表を均衡表と考え,一方の資産に対して他方を持分あるいは請求権を対応表示していると考え,「純資産」も資産に対する持分ないし請求権とすると説明する場合が考えられる。

　まず,貸借対照表が資産に対する持分を対応表示するものと考える場合,「純資産」が事業主持分として計上される必然性はなく,債権者持分をもって「純資産」と考えることも可能である。また,利益は債権者と事業主の持分割合に応じて按分されるはずであるが,現実には利益は事業主の持分とされている。これらの理由によって持分をもって「純資産」を説明することにも問題がある。

　次に,貸借対照表が資産に対する請求権を対応表示していると考える場合には,優先順位の決定が必要となるが,通常,優先順位は債権者保護の思想に従って決定される。しかし,このときの債権者保護主義はもともと純粋な会計理論から生まれたものではない。債権者保護の思想のもとでは,利益のうちの留保分は債権者の請求権を担保するためのものになるはずであるが,このことについて社会的同意が必ずしも得られるわけではない。したがって「純資産」を請求権として説明することもできない。

　それでは,貸借対照表が「資産＝資本」という均衡状態を対照表示していると考える場合はどうであろうか。この場合,資本を自己資本と他人資本に二区分するのが普通である。「自己」および「他人」という表現から,事業主中心の考えであることが推定され,事業主以外の源泉から調達した資金はすべて事業主にとっての利益(自己資本)とみなされるものと考えられる。しかし,留保利益が事業主の請求権に含まれるとすることに合理的根拠をみられなかったのと同様,ここでも,事業主以外の源泉から調達した資金は事業主に帰属すると考えることに合理的根拠を認めることはできない。

　貸借対照表の資産側と負債・「純資産」側の関係を「具体＝抽象」と考えるのも,貸借対照表は企業資本の二つの側面を対照表示する均衡表であるみなす

立場である。この立場は企業資本を二つの側面に分類する点で、財務会計の二面的認識の原理と整合する。ただ、「具体」と「抽象」は企業資本に固有の二つの側面とはいいきれないところに問題がある。なぜなら、「抽象」についての細分類のための基準ないし方法を見出すことはできないからである。ただ、この立場が「企業資本の具体面」と「企業資本の抽象面」というように企業資本の二面的認識を明確に意識している点は注目しなければならない。

最後に、貸借対照表は企業資本を運用形態と調達源泉という二面でとらえて対照表示したものであると理解する観点からは、「純資産」は株主からの調達分および経営者による稼得分であると理解される。そして会計理論としては、調達先（源泉）間に優先順位を設けることはできないので、差額の概念は優先順位との関係においても存在しないといえるのである。結論として、この立場ではあらゆる意味で差額概念としての「純資産」は存在しないのである。

なお、運用形態＝調達源泉というこの等式は、企業資本の循環プロセスに即して企業資本の自己増殖運動を考える場合に最も優れた等式である[4]。企業資本の自己増殖運動は次章で詳しく検討することになる。

（注）
(1) 会計主体論と会計等式との関係を論じたものとして、山桝忠恕『近代会計理論』国元書房、1963、266-267頁を参照。
(2) 岩田　巌『利潤計算原理（8版）』同文舘出版、1971、第5章参照。
(3) 山桝忠恕『複式簿記原理』千倉書房、1972、47頁。
(4) 瀧田輝己編著『複式簿記－根本原則の研究』白桃書房、2007年、13-16頁。

第6章 企業資本循環プロセスと企業資本の区分

I 企業資本の自己増殖運動

　構造論的にいえば財務会計は企業資本の自己増殖運動を貨幣数値に置き換えて記録・計算するしくみ（構造）である。本章では，財務会計において記録・計算の対象である自己増殖運動について順を追って論を進めていくことにしたい。

　企業資本の自己増殖運動は，企業資本が自ら，経済的な価値を生み出していくプロセスであり，一方では企業資本の循環プロセスに読み換えて理解でき，他方では日々の企業活動として具体的に知覚することができる。そして，企業活動は，経営者による意思決定の結果のあらわれであるので，結局のところ，企業資本の循環プロセスに読み替えることができる自己増殖運動は，経営者による意思決定としてわれわれの目に映るのである。

　しかしながら，追加元入や義務の増加は企業資本の増加ではあるが，その増加分は，自己増殖分とはいえない。自己増殖分といえるのは，さまざまな企業資本の増加のうち，事業主受入分でもなく，債権者受入分でもなく，企業資本の自己増殖運動，すなわち経営者の意思決定の結果もたらされる「利益」，「利潤」，「利得」などと呼ばれる企業資本の増加分のことである。したがって，期末時点での自己増殖分は経営者稼得分のうち，内部留保された蓄積分を意味する。

　財務会計では，経営者の意思決定を表す企業活動を努力と成果として認識し，それぞれ費用ならびに収益に分類して記録される。その意味で，財務会計は，

費用と収益を対応させて，企業資本の増加分あるいは減少分を記録・計算するしくみといえるのである。

例えば，商品（原価50万円）を60万円で現金販売したという取引を考えてみることにしよう。この不等価交換取引は，運用面での現金の増減と調達面[1]での利益の増減というように二つの側面においてそれぞれ企業資本の増減が認識される取引であることは，すでにみてきたとおりである。

この取引において，
① 仕入は利益の減少であり，企業資本の源泉面における減少分である。現金の減少は運用面における企業資本の減少である。
② 売上は利益の増加であり，企業資本の源泉面における増加分である。同様に現金の増加は運用面での企業資本の増加分である。

そして，①と②を合わせて運用面および源泉面それぞれの差額10万円が自己増殖分となる。

II　企業資本循環プロセスと企業活動

（1）企業資本循環プロセスの種類と企業資本の区分

企業資本の自己増殖運動は，少なくとも次の三つの種類の循環プロセスとして表すことができる[2]。

① 営業循環プロセス
② 内部投資循環プロセス
③ 外部投資循環プロセス

①の営業循環プロセスは次のような流れ図として示すことができる（ただし，上付のダッシュは利益を含むということを表す。以下，同じ）。

　　現金　→　商品　-->　商品'　→　現金'

第6章 企業資本循環プロセスと企業資本の区分

②の内部投資循環プロセスは次のような流れ図で表すことができる。

現金 → 有形固定資産 --→ 製品'ないし商品' → 現金'

さらに、③の外部投資循環プロセスも次のように流れ図で示すことができる。

現金 → 有価証券 --→ 有価証券' → 現金'
現金 → 貸付金 --→ 貸付金 → 現金

①～③のいずれの循環プロセスも前半（点線の矢印より左側）は投下過程であり、後半（点線の矢印の右側）は回収過程である。これらの流れ図から明らかなように、営業循環プロセスと内部投資循環プロセスでは、共通して、投下資本（投下過程にある企業資本）は商品や製品の販売によって回収される。これに対して、外部投資循環プロセスでは、投下資本は商品や製品の販売とは関係なく回収されることになる。

ここで重要なことは、財務会計では、企業資本の細分類は基本的にこれらの循環プロセスに即してなされるという点である。すなわち、企業資本が①どの種類の企業資本循環プロセスに投下されたかということと、②各循環プロセスのうちどの過程（局面）にあるかということをメルクマールとして分類される。

例えば、次のような勘定科目の区別は循環プロセスに即した企業資本の区分の具体的な例である。

① 売掛金と未収金の区別
② 買掛金と未払金の区別
③ 受取手形と手形貸付金の区別
④ 支払手形と手形借入金の区別
⑤ 受取手形と固定資産売却受取手形（未収金）の区別
⑥ 支払手形と固定資産購入支払手形（未払金）の区別

⑦　棚卸資産と有形固定資産の区別
⑧　有形固定資産（土地や建物）と投資不動産の区別

　①の売掛金と未収金の区別は一般的にいえば，営業循環プロセスにおいて生じる債権と，例えば，固定資産を売却して代金をまだ受け取っていないという場合のような内部投資循環プロセスの中で生じる債権の区別である。
　②の買掛金と未払金の区別は営業循環プロセスにおいて発生した債務と固定資産を購入して代金を支払っていない場合のような内部投資循環プロセスにおける債務，あるいは有価証券を信用取引によって購入した場合のような外部投資循環プロセスにおいて負うことになった債務の区別である。
　また，③の受取手形と手形貸付金の区別と④の支払手形と手形借入金の区別はいうまでもなく，営業循環プロセスにおける債権・債務と外部投資循環プロセスにおける債権・債務の区別である。
　⑤の受取手形と固定資産売却受取手形（未収金）の区別と⑥の支払手形と固定資産購入支払手形（未払金）の区別は明らかに営業循環プロセスにおいて生じた債権・債務と内部投資循環プロセスにおける債権・債務の区別である。
　⑦の棚卸資産と有形固定資産の区別は営業循環プロセスにおける有形資産と内部投資循環プロセスにおける有形資産の区別である。
　そして，⑧有形固定資産（土地や建物）と投資不動産の区別は内部投資循環プロセスにおける固定資産と外部投資循環プロセスにおける固定資産との違いに基づく区別である。

（2）企業資本循環プロセスの種類と企業活動の分類

　ところで，われわれが具体的に知覚することができる現実の企業活動ないし経営者による意思決定は，おおよそ次のように分類されよう。

①　営業活動
②　投資活動

③　財務活動

　企業資本の循環プロセスの種類と企業活動の分類はともに，現実の経営者による意思決定と深く関係しているとはいえ，両者は必ずしも一致するわけではない。
　例えば，信用取引が行われる場合の営業循環プロセスの流れ図は次のように表すことができる（ただし，「現金⁻」は現金の出，すなわち支出を意味する。以下同じ）。

　　商品→買掛金→支払手形→現金⁻ --→商品'　→売掛金'　→受取手形'
　　→現金'

　このときの買掛金から現金⁻までのプロセスと売掛金'から現金'までのプロセスは，企業活動の分類に即して厳密にいえば，財務活動（債務の返済および債権の回収）である。
　しかしながら，売掛金'と受取手形'（合わせて，売上債権という）は現金化するのに，もう一度，販売（流れ図における点線の矢印）という行為を経ないのであるから，それ自体は法律上の債権であるにもかかわらず，すでに現金同等物とみなされる。そのため，売上債権の現金による回収のような現金同等物の現金による回収は，通常，財務活動とはみなされないのが普通である。
　同様に，買掛金と支払手形（合わせて仕入債務という）は義務であり，企業資本の源泉面における負債と分類される。法律上の債務という意味では，借入金等と同じはずである。しかしながら，仕入債務についても，借入金との整合性というよりは，売上債権との整合性の方を重視して，その支払行為を財務活動とはみなさないのが慣習である。
　他に，投資活動と内部投資循環プロセスについても，両者は必ずしも一致するものではない。内部投資循環プロセスにおいても信用取引が行われる場合には，次の流れ図が示すように財務活動が一部に含まれうるのである。

有形固定資産→未払金→現金˜--→製品'ないし商品'→売掛金'
　　→受取手形'→現金'

　このときの未払金から現金˜までのプロセスも売掛金'から現金'までのプロセスも，企業活動としては財務活動に分類される。したがって内部投資循環プロセスにおいても財務活動は行われうる。なぜならば未払金から現金˜までのプロセスは購買活動にともなう調達面での企業資本の増減であり，調達面での増減という意味では外部投資循環プロセスにおける借入金等と未払金との間に違いはないからである。

　また，この流れ図における売掛金'と受取手形'は運用面での企業資本の分類である。しかし，ここでも，これらの売上債権は「販売」を表す点線の矢印の右側にあるので，現金化するのに再び「販売」というプロセスを経ないという理由により，現金同等物とみなされる。その結果，内部投資循環プロセスにおいて生ずる売上債権の現金による回収は通常，財務活動とはみなされない。それとの整合性を考えて，内部投資循環プロセスにおいて生ずる未払金の支払もまた財務活動とはみなされないことになる。

　かくして，財務会計における企業資本の区分にあたっては，原則として，現実の企業活動すなわち経営者による意思決定や法律上の解釈ではなくて，企業資本の循環プロセスの種類が重視されるのである。

（3）企業資本循環プロセスの中の位置と企業資本の区分

　次に，企業資本循環プロセスに即して企業資本を区分する場合，それぞれの循環プロセスの中で，企業資本が位置する局面による区分が行われる。このときの区分では，はじめに，企業資本を運用面と調達面に分け，運用面を，待機分と充用分と派遣分に分ける[3]。通常，営業循環プロセスと内部投資循環プロセスにおける企業資本の運用面では，充用分と待機分が生じ，外部投資循環プロセスにおいては，派遣分と待機分が生じる。したがって，充用分と派遣分の区別は企業資本循環プロセスの種類（営業循環プロセス，内部投資循環プロセス，

第6章　企業資本循環プロセスと企業資本の区分

外部投資循環プロセス）による区別である。そして，充用分と待機分および派遣分と待機分の区別は，各循環プロセスの投下過程にあるのか，あるいは回収過程かという判断に基づいてなされる。

　ここで重要なことは，循環プロセスに即して企業資本を区分するとき，いずれの循環プロセスにあっても，待機分は回収過程にあり，充用分と派遣分は投下過程にあるということである。この意味で，売上債権は回収過程にあることが明らかであるから待機分と分類できるが，次にどのように運用されるのかを待っている状態は，見方を換えれば，投下過程にあるというわけではないが，「待たされている状態」であるので，待機分として運用されていると考えることもできる。

Ⅲ　外部投資循環プロセスにおける企業資本の区分

（1）外部投資循環プロセスの投下過程と回収過程

　外部投資循環プロセスにおいてだけ，その投下過程にある企業資本が派遣分であると分類されるのは売上収益とのかかわりが直接的ではないからである。外部投資循環プロセスに投下された企業資本の回収は，一時，外部に派遣されていた企業資本の撤収を意味し，売上収益の認識とはかかわりを持たない。つまり，外部投資循環プロセスにおいては，投下過程から回収過程への移行が販売の完了を目安にして認識されるのではなく，投下資本の返済を受けるべき期日の到来か，投下資本の売却の完了を待って認識されるのである。

　このように外部投資循環プロセスは，本来の自己増殖運動の外にある企業資本の循環プロセスである。とはいえ，外部投資循環プロセスにおいても回収過程にある企業資本は営業循環プロセスや内部投資循環プロセスと同じく待機分（すなわち待機させられている企業資本）という状態であり，次にどの循環プロセスに投下されるか，そしてまた，どのように運用されるかを待っている状態であるとみなされる。

（2）有価証券と現金同等物

　有価証券も，貸付金のときと同じく企業資本が一時外部に派遣されている状態である。外部投資循環プロセスに投下された企業資本の一つである有価証券の回収は，貸付金のときとは異なり売却という行為を経なければならない。

　しかしながら，その売却は派遣分の撤収であり，もともと自己増殖運動である販売とは明確に区別される。すなわち，投下過程にある企業資本が，売上収益を獲得するための経済的な価値の犠牲分とならないということは，その回収過程が商品等の販売にかかわるプロセスの中の一過程でないということである。つまり，派遣分とされる企業資本は売上収益に対して中立な企業資本であるといえよう。そしてまた売上収益（典型的には商品の販売等によって獲得した収益）を得るために犠牲となる予定の経済的価値ではないという意味で，有価証券は費用性資産とはいえないのである。

　もっとも，投下過程にある有価証券は，有価証券自体が売却されるときに，その売却収入（商品等を対象とした「売上収益」ではない）に対する価値犠牲分となるべき原価として認識されるので，その意味では費用性資産といえなくもない。他方「販売」を商品等の販売に限定せず，有価証券の売却も含めて，広くとらえれば，その市場性（換金性）に富んだ有価証券は回収過程にある現金同等物とみなされ，待機分として運用されている貨幣性資産と認識することも可能である。

（3）費用性資産と貨幣性資産

　企業資本の運用面を営業循環プロセス，内部投資循環プロセス，外部投資循環プロセスの各循環プロセスにおいて，さらに投下過程と回収過程とに分けると，費用性資産と貨幣性資産，費用性資産と非費用性資産，あるいは貨幣性資産と非貨幣性資産の関係が明らかになる。

　各循環プロセスにおいて，投下過程にある企業資本は回収過程で稼得分を得るための原価のかたまりであり，販売の完了によって稼得分を得たときには，その獲得のための価値犠牲分すなわち費用となる定めにある。その意味で，各

循環プロセスの投下過程にある資産はすべて費用性資産に分類される。

各循環プロセスにおいて，回収過程の状態にある企業資本は現金化するのに広狭いずれの意味においても販売（広義に売却も含む）というプロセスを踏まなくてもよい状態であるので現金同等物とみなされる。したがって，回収過程の状態にある資産は貨幣性資産となるのである。

このような考えに従うと，有価証券や貸付金も投下過程にあれば費用性資産であり，回収過程にあれば貨幣性資産であるということが一応いえる。また，（内部投資循環プロセスにある）非償却資産である土地も，投下過程にあるとすれば費用性資産であると考えられ，回収過程にあるとすれば貨幣性資産であるということになる。

貸付金はこれまで繰り返してきたように，その返済期日の到来したときをもって回収とみなされ，回収後は現金同等物とみなされて，貨幣性資産に分類される。このときの回収は派遣分の撤収であり，販売ないし売却による回収ではないが，現金化するのに，新たに販売や売却という行為を経ないので，貨幣性資産と考えることにあまり不自然さはない。

しかしながら，貸付金の返済を受けるべき期日の到来をもって商品の現実的な販売と同様に扱うことには疑問がある。販売の意味をよほど拡大解釈しないかぎり期日の到来をもって回収過程に移行したとみなされるものではない。いうまでもなく回収過程への移行が認められなければ，投下過程（投下資本）のまま留まっているということになるので，費用性資産に分類されることになる。

他方，有価証券は売却によって回収されると考えられることから，仮に，市場性（換金性）に富んだものであるとしても，売却前には回収過程に移行したとすることには無理があり，投下過程にあるとするのが自然である。それ故，費用性資産と分類されることになる。

同様に，土地もまた売却をもって販売とみなすことができるので，所有している間は投下過程にあると認識され，売却収入に対する価値犠牲分となるべき原価を表すと考えられる。そこで，費用性資産というカテゴリーに含まれることになる。つまり，土地を純粋に企業資本の循環プロセスだけに基づいて分類

77

すれば，所有目的のいかんにかかわらず，売却（広義の販売）したときの価値犠牲分となるはずであるから，非償却資産であるにもかかわらず，費用性資産とみなさなければならない。

さらに，土地を，回収過程にあるとみなすときには，現金同等物であると考えなければならなく，貨幣性資産として時価評価をすることになるはずである。しかしながら，土地を，このように扱うことは，全く現実性をもたない。

外部投資循環プロセスにおける有価証券や貸付金および内部投資循環プロセスにおける非償却資産の土地についての以上の考察の結果，営業循環プロセスの回収過程にあるとみなされる企業資本のみを貨幣性資産と分類するのが自然であるということが理解される。つまり有価証券，貸付金，および土地は営業循環プロセスにおける回収過程とは無縁であることから，貨幣性資産と分類することはできないということである。

ところで，これまで繰り返してきたように営業循環プロセスの投下過程にある企業資本は売上収益を稼得したときには，それに対する価値犠牲分となるので，まさに費用性資産と呼ぶのが相応しい。また営業循環プロセス以外の循環プロセスの投下過程にある有価証券および固定資産も売却収入に対する売却原価とみなすことはできるため，同じく費用性資産と分類することもはじめから否定するわけにはいかない。しかし，その場合にも，もともと費用とは売上収益に対応させるべき価値犠牲分であると限定して定義されているのは，費用と損失とを区別するためであることを考えると，有価証券や固定資産を費用性資産に分類するのは，費用と損失とを区別する意味を失わせる危険があることに注意しなければならない。

Ⅳ　企業資本循環プロセスの種類と長期・短期の区分

外部投資循環プロセスにある企業資本（派遣分）である有価証券の種類を売買目的，満期保有目的，さらにその他というように三つに区分するのも経営者の意思に即した分類である。所有目的は一面では長期と短期の分類基準として

利用され，他面では市場の特殊性を加味して評価のための分類基準として用いられる。

　企業資本を長期と短期に分けた結果は，貸借対照表上で流動・固定に区分表示される。流動・固定の区分は，制度会計では正常営業循環基準と1年基準（ワン・イヤー・ルール）をメルクマールとして具体的になされる。それ故，まず営業循環プロセスに投下された正常な企業資本は短期であり，「流動」と分類される。また内部投資循環プロセスに投下された資本は多くの場合，長期間使用する目的で投下された企業資本であるので，長期すなわち「固定」と分類されることになる。

　しかしながら，外部投資循環プロセスに投下された企業資本，とりわけ株式（普通株）は，償還期限が券面上に記載されていることもなく，契約によって定められていることもないので，券面上の記載等によって長期か短期かの区別をすることができない。そこで，有価証券の市場の特殊性や経営者の所有目的が長期・短期の区別をするときの目安として便宜的に用いられるのである。

　経営者の意思決定に基づいて，企業資本が営業循環プロセスに投下されたものか，内部投資循環プロセスに投下されたものか区別されるのであるから，企業資本の循環プロセスの種類は経営者の意思決定を反映したものであるが，有価証券に代表される外部投資循環プロセスにおける流動・固定の分類は財務諸表の読者の利用目的に適合させるための区分であり，財務安全性に関心をもつ利害関係者が支払能力を検討するのに有用な分類としてはたらくのである。したがって，市場の特殊性に基づく有価証券の長期・短期の分類は経営者の意思による区分というよりも制度会計の機能面に関わる区分であるといえよう。

　すなわちもともと，経営者の意思のあらわれである売買目的，満期保有目的，その他という有価証券の所有目的は，長期と短期の区分と直接結びつくものではない。所有目的は商品市場と比較しつつ，有価証券市場がもつ特殊性に注目した[4]意思決定であり，むしろ有価証券の測定のための分類基準となると一応は考えられる。所有目的は市場のもつ特殊性を反映しており，市場の特殊性が時価か原価かという測定の基礎の適用を相違させると考えるわけである。

しかしながら，測定の基礎を時価にするか原価にするかという選択もまた，本来，企業資本の循環プロセスに即してなされるべきである。基本的には企業資本が投下過程にあれば原価で評価し，回収過程にある企業資本は結果的に時価で評価されるというのが財務会計における測定の基本原則である。市場の特殊性による測定の基礎の選択も，財務会計のもともとの目的（企業資本の自己増殖分の計算）とは別の目的（投資意思決定）に有用な情報を提供しようとするときの選択である。財務会計では，あくまでも，体系的なルールに則り，どのような状態になったときに回収過程に移行したとみなすのかという判断が原価とするのか，時価とするのかどうかの選択にとっては重要となるのである。

Ⅴ　評価基準と企業資本循環プロセス

（1）市場の特殊性に基づく評価基準

　企業資本の循環プロセスに即して，測定の基礎が時価なのか原価なのかを区別するということであれば，売買目的の有価証券をその他の有価証券と区別する本来の意味は，単に機能論的に，長期か短期かを区別するためではなく，また適用すべき測定の基礎が時価となるか原価にするかを区別するためでもない。

　仮に，有価証券を売買目的か，それ以外の所有目的かを測定の基礎を選択するための分類基準とするということであれば，売買目的の有価証券は，その目的の故に，むしろ原価で評価すべきであるということになる。売買目的の有価証券は，売買目的であることを理由に回収過程にある時価評価すべき貨幣性資産であるということにはならない。売買目的で保有する有価証券もまた売却収入（売上収益ではないが）を獲得するための将来の価値犠牲分を表すという観点から，（本来の意味での費用性資産ではないとしても）投下過程に位置する原価のかたまりとみなされるはずだからである。一般に，企業資本が貨幣性資産とみなされるは，市場の特殊性や流通性の貧富によってではなく，また所有目的のいかんでもない。企業資本循環プロセスの回収過程にあるのかどうかによるのである。

（2）企業資本循環プロセスに基づく評価基準

　以上のように，企業資本の測定基礎を循環プロセスに即して選択しようという考えでは，時価評価するためには有価証券が少なくとも回収過程にあるということが認められなければならない。そして企業資本が回収過程にあるといえるためには，投下過程から回収過程へのフェーズの変換がすでになされていなければならない。商品の場合には販売の完了が投下過程から回収過程へのフェーズの変換の目安になり，有価証券の場合には売却がその目安になると考えることはできることは繰り返し述べてきたところである。

　したがって，有価証券についてだけ，単なる時価の認識が容易であるということをもって実際の売却以前に回収過程に移行したと認めるのは，過度の擬制であるといわざるをえない。現金同等物とみなすことを可能にするのは，あくまでも市場の特殊性や流通性の貧富ではなく，回収過程に移行したかどうかである。流通性に富んでいること（換金が迅速かつ容易であること）をもって回収過程にあるみなすことはできない。この点についても重ねて強調されなければならない。

　さらに，有価証券が，どのような目的で保有されていようとも外部投資循環プロセスにあることには変わりはない。有価証券が外部投資循環プロセスにある企業資本ということは，企業資本が外部に派遣されている状態であるということを意味する。したがって，前述のように長期であっても，短期であっても，また，その売却が広い意味での販売に含められようと否とにかかわらず，売却による回収は派遣分の撤収を意味する。価値の増殖とは直接かかわりのないはずの派遣分の撤収であるから派遣した時のそのままの金額，すなわち投下資本で評価するのが会計の構造としては正しいといえよう。

　以上によって，企業資本を循環プロセスに即して分類する財務会計の立場からは有価証券はその所有目的がどのようなものであっても，そしてまた市場が極めて流通性（換金性）に富んだものであっても有価証券は原価で評価するのが理論的であると考えざるを得ない。企業資本の循環プロセスに即した構造的

な分類においては，売買目的かどうかの経営者の意思は，企業資本の循環プロセス種類には反映されるが，投下過程から回収過程への移行の認識には直接的なかかわりをもたない。有価証券が市場が流動性に富んだものであっても，現実の売却以前に投下過程から回収過程に移行したと認めることはできないはずだからである。

VI　企業資本循環プロセスと収支計算・損益計算の関係

そもそも企業資本の循環プロセスは動的なものである。企業資本の循環プロセスは，現金を投下し，現金で回収するという循環運動を表すものである。

また，三つの企業資本循環プロセスにはいずれも投下過程から回収過程へと移行するフェーズの変換が必ず行われ，このときに自己増殖分が認識される。自己増殖分は経済的な価値の増加分であり，利益，利潤あるいは利得を生み出すプロセスである。

会計的には，この自己増殖による企業資本の増加は損益計算によって認識される。投下過程から回収過程への移行，つまりフェーズの転換がどの局面でなされたか，この点が明確になれば，その時点で自己増殖分を認識することができるのである。この転換はきわめて制度的な制約を受けるので，確かに市場の特殊性はフェーズの変換を認識するときに大きな影響を与える。現行の会計制度では，将来，現金が帰ってくる（受け取る）ことが確定したときである。このように企業資本循環プロセスには，

① 現金に始まって現金に終わるということ，
② 投下過程から回収過程への移行（自己増殖過程）が必ずあるということ

という二つの特徴がある。この二つの特徴こそが，会計上，それぞれの企業資本循環プロセスが完了（一回転）したときには①の収支計算と②の損益計算が一致し，収支差額（企業資本の運用面における現金の増減）が損益差額（企業資本

第6章　企業資本循環プロセスと企業資本の区分

の調達面における利益の増減）と等しくなることを保証するのである。

したがって，企業資本は，いずれかの循環プロセスの投下過程か回収過程にある状態ということになる。すなわち，営業循環プロセスおよび内部投資循環プロセスのケースでは，これから投下されるのを待っている状態（待機分）か，投下されて，販売（自己増殖過程）に向かっている状態（充用分）か，あるいは自己増殖過程を過ぎて現金に向かって回収されている状態（これも待機分）かのいずれかの状態である。

外部投資循環プロセスでは，もともと販売という意味での自己増殖過程を持たない。しかし，前述のように売却をもって広義に販売とみなすことは一応可能である。そこでもなお，市場の特殊性や制度的な要請から売却以前に認識される時価の値上がりは，いわば外部要因による企業資本の増加分である。その意味で，自己増殖分とは異なる企業資本の増加分である。したがって，有価証券等の評価差額（時価と原価との差額）は，これまで考察してきた追加元入（事業主受入分），義務の増加（債権者受入分），および自己増殖分（経営者稼得分）とは異なり，源泉面においては資本金額の修正として認識されるべきものである。とはいえ，最終的に，収支計算（現金の増減計算）と損益計算（資本金の増減計算）の不一致が生じないかぎり認識されることになるはずである。

（注）
(1) 山桝教授によれば，企業資本は調達と行使及び待機の3つに分けられ，このうち調達はさらに算段と培養に分けられる（山桝忠恕『複式簿記原理（新訂版）』千倉書房，1993年（第8刷），35頁）。培養は自己増殖分と考えることができる。
(2) 企業資本循環プロセスの種類別の詳しい考察は以下を参照されたい。瀧田輝己『財務諸表論（各論）』千倉書房，1997年，4－12頁。
(3) 山桝教授は企業資本の行使を活用と派遣の二つに分け，活用をさらに充用と費消に分けている（山桝，前掲書，35頁）。ここでは，企業資本の循環プロセスとの関係を明確にするため，そしてまた，企業資本それ自体を主体として考えるため，運用面を充用分と派遣分と待機分の3つに分類することにした。
(4) 笠井教授はこうした立場で有価証券の分類と測定について注目すべき見解を示されている（笠井昭次「貨幣性資産・費用性資産分類論の総合的検討—認識・測定規約を巡って（1）—」『三田商学研究』第45巻第2号（2002年6月），特に47－67頁を

参照されたい)。

第7章　利益計算の原理

I　二つの利益計算方法

　財務会計では，損益法と財産法という二つの方法を併用して利益が計算される。

（1）水槽のたとえ

　しばしば，この二つの方法は，水槽のたとえを用いて説明される。

　水槽のたとえを図で示すと，次頁のようになる。いま会計年度のはじめ，すなわち期首をt_1とし，会計年度のおわり，すなわち期末をt_2とする。

　この水槽において，水の増加量を計算するための一つの方法はt_1からt_2までの期間に流入した水の量を入口で把握し，同時にt_1からt_2の期間に流出した水の量を出口で把握し，両者の差を計算して，この期間に増加（または減少）した水の量とする方法である。この方法は期間計算であり，フロー計算である。

　水の増加量を計算するもう一つの方法はストックの比較計算である。t_1における水の量をあらかじめ測っておいて，一定期間が経過したt_2の時点で再び水の量を測る。こうして測定した二つの時点の水の量の差として，水の増加量を把握する方法である。この計算は時点計算であり，ストック計算である。図7－1ではt_1のときの水の高さ（水平線）を点線（……）で示してある。そしてt_2のときの水の高さ（水平線）を実線（——）で示してある。これら二つの線で囲まれた斜線の部分が水の増加量を表している。

図7−1

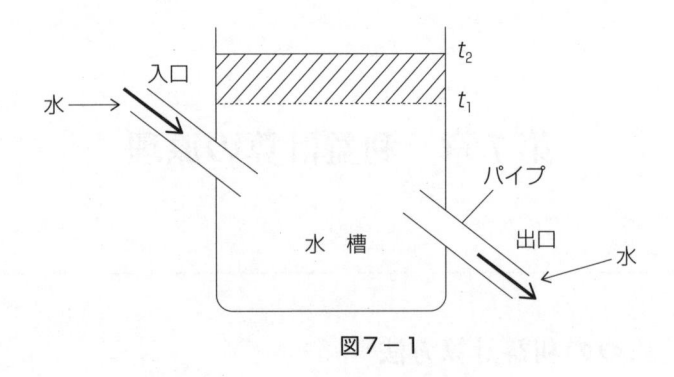

（2）損益法による利益計算

　二つの原理に基づいて算定された利益金額は，損益計算書と貸借対照表という二つの計算書に計上されているそれぞれの利益金額として説明される。

　水槽の比喩で，一定期間の水の流入量は損益計算書上の「収益」を表している。また，水の流出量は「費用」を表している。水の流入量と流出量の差が水の増加量であり，「利益」のたとえとなる。したがって，損益法は，

$$期間収益 - 期間費用 = 期間利益 \cdots\cdots\cdots\cdots\cdots\cdots\cdots\cdots\cdots ①$$

という損益計算等式によって利益を計算する方法である。

　収益は一定期間に企業が獲得した成果分であり，通常は売上高がその典型としてあげられる。これに対して費用は収益をあげるために犠牲にした価値（価値犠牲分）であり，企業の努力分である。この成果分と努力分の対応関係を通じて利益計算がなされるのである。損益計算書では，損益法によって算定された「利益」が表示されるといわれるのである。

　なお，損益計算等式における収益も費用もともに一定期間の合計数値（期間収益および期間費用）である。損益計算書の日付をみると「自何年何月何日　至何年何月何日」と期間で示されているのはそのためである。

（3）財産法による利益計算

　他方，水槽のたとえで期首（t_1）における水の高さは期首正味財産を表しており，次のようにして計算される。

>　期首積極財産－期首消極財産＝期首正味財産………………②

　また，期末（t_2）における水の高さは期末正味財産を表しており，その計算は次のように行われる。

>　期末積極財産－期末消極財産＝期末正味財産………………③

　水の増加量は利益を表し，次のように計算される。

>　期末正味財産－期首正味財産＝当期利益………………④

　この場合，当然のことながら期中において追加出資や引出金などの資本の増減があれば，それらは考慮されなければならない。そのときの算式は，

>　（期末正味財産－期中の追加出資＋期中の引出金）
>　　－期首正味財産＝利益………………………………………⑤

となる。

　上記算式の②，③から明らかなように正味財産は，積極財産と消極財産の差額として求められる。ここで，積極財産はいわばプラスの経済的価値であり，貸借対照表に計上されている資産の合計額と考えることができる。また，消極財産はいわばマイナスの経済的価値であり，貸借対照表に計上されている負債の合計額と考えてよい。両者の差額である正味財産は，貸借対照表上では純資産ないし資本の合計額として表される。

期首（t_1）および期末（t_2）の二つの時点においてそれぞれ純資産を計算し，続いて両者の差額を計算するというように二つの時点の純資産の比較に基づいて利益を計算する方法が財産法である。貸借対照表では，こうした財産法による利益計算が行われるといわれるのである。

財産法による利益計算では，期中の記録は，本来，必要としない。時点（期首）と時点（期末）の正味財産ないし純資産が把握できればよいわけである。このことから，財産法による利益計算は時点計算であるといわれている。事実，貸借対照表に付される日付は「何月何日現在」という時点で示されている。

（4）損益法と財産法の相互補完性

それでは，二つの方法で利益計算が行われる理由は何なのであろうか。損益法または財産法のいずれか一つの方法だけで利益計算をするのでは十分といえないのは何故だろうか。

仮に損益法だけで利益計算を行う場合には抽象的な利益は算定できるが，実際にそれだけの利益が獲得できたかどうかを具体的に確かめることはできない。つまり，計算上の「利益」金額を求めることはできるが，どのような形となってその利益は企業に顕在しているのかということを確かめることはできないのである。

逆に財産法だけで利益計算をすると，具体的にどれだけの利益を獲得することができたかということは把握できるが，それは，あくまでも結果としてどれほど純資産が増加したかということが具体的に確認できるだけであって，その結果に至るまでの経緯，つまり利益の内訳を明らかにすることはできないのである。

そこで，抽象的な利益と具体的な利益を一致させるために損益法と財産法という二つの方法を併用することが必要となる。また，損益計算書によって利益の内訳あるいは経緯を知ることができ，貸借対照表によって利益の裏づけが可能になるのである。

このことを，再び水槽のたとえに当てはめてみると，損益法だけでは流入と

流出の差額だけ水槽の中の水が実際に増えているという保証は得られない。そこで，財産法による水の増加量の実在を確認する必要がある。

逆に財産法だけで水の増加量の計算をすると，実際の水の増加量は把握できるが，その増加した理由ないし経緯を説明することはできない。そこで，水の増加量を説明するために損益法を援用する必要がある。こうした理由によって，損益法と財産法の二つの利益計算方法が併用されるわけである。

確かに水槽のたとえは財務会計における利益計算の構造を浮き彫りにする。ただし，財産法による計算の結果が実際に水槽の中の水の量の増加分を本当に表しているといえるか，あるいは損益法による利益計算を併用することによって，水の量が増加した分について，うまく説明することができるのかどうかについては，さらにいくつかの点を，検討しなければならない。

II 誘導法に基づく財産法と棚卸法に基づく財産法

ところで財産法には二つの種類がある。一つは継続記録によって把握された帳簿残高（帳簿棚卸高）をもって，期首および期末の純資産を計算する方法である。他の一つは，実地棚卸高をもって期首および期末の正味財産を把握する方法である。ここでは，前者を「誘導法に基づく財産法」，後者を「棚卸法に基づく財産法」として，区別することにする。

（1）誘導法に基づく財産法

いま，試算表の借方と貸方の均衡状態を表す等式，すなわち，

$$\text{資産}+\text{費用}=\text{負債}+\text{資本}+\text{収益} \quad \cdots\cdots\cdots⑥$$

を試算表等式と名づけることにする。試算表等式は第5章で取り上げた企業資本等式と内容が一致することを確認されたい。この試算表等式ないし企業資本等式を，数学上の移項規則に則って，変更すると，

$$\text{資産} = \text{負債} + \text{資本} + \text{収益} - \text{費用} \cdots\cdots\cdots ⑦$$

となる。ここで，「収益－費用」は利益を意味するのであるから，この等式⑦を書き換えると，次のような等式⑧を得る。等式⑧をとりあえず「変形企業資本等式」と呼ぶことにする。

$$\text{資産} = \text{負債} + \text{資本} + \text{利益} \cdots\cdots\cdots ⑧$$

変形企業資本等式は，一方で，財産法による利益計算を貸借対照表上で表したものと解釈することができる。すなわち，変形企業資本等式をさらに展開すると，

$$\text{資産} - \text{負債} - \text{資本} = \text{利益} \cdots\cdots\cdots ⑨$$

となり，この等式⑨を，説明の便宜上さらに書き換えると，

$$(\text{資産} - \text{負債}) - \text{資本} = \text{利益} \cdots\cdots\cdots ⑩$$

となる。等式⑩の中の「(資産－負債)」は期末純資産を意味し，また，ここでの「資本」は期首純資産を表している。そこで，等式⑩は，

$$\text{期末純資産} - \text{期首純資産（元入金）} = \text{利益} \cdots\cdots\cdots ⑪$$

と書き改めることができるのである。この等式⑪はまさに帳簿残高（帳簿棚卸高）に基づく財産法による利益計算を表しているといえるのである。

　以上の等式の展開から，貸借対照表は期末の資産と期末の負債との差額である期末純資産を少ない方に計上し，もって，不等式を等式に変えているのであ

る。さらに，期首の純資産と期末の純資産との差額（利益）も少ない方（通常は期首の純資産＝元入金＝資本）にプラスするかたちで期首の純資産を期末純資産と等しくし，全体として期末時点で不等式を等式に変えることによって利益計算していることが理解できるのである。ただし，この式の展開には，

(1) 「(収益－費用)」は期中の帳簿上の合計額より誘導して計算された利益を表す。
(2) 「(資産－負債)」は期末の帳簿残高から誘導した期末純資産を表す。
(3) 「資本金」は前期から繰り越された期首純資産の帳簿残高を表す。

という前提が含まれている。これらの前提によって計算された金額は，すべて帳簿から誘導された金額であり，資産および負債の金額はすべて帳簿残高である。そして貸借対照表は帳簿残高（帳簿棚卸高）から誘導して作成されているのであるから，貸借対照表上で行われている財産法は「誘導法に基づく財産法」であるといえる。つまり，貸借対照表上で行われている財産法は，いわば算式上の財産法であり，実際の有高に基づく財産法であるとはいえない。

（2）棚卸法に基づく財産法

本来，財産法とは，資産および負債について実地棚卸をし，個々の資産，負債をそれぞれ時価および法的債務の金額によって評価する方法によって，期首と期末の正味財産を別々に把握して，両者の差額をもって利益とする計算法である。したがって，継続記録によって把握された帳簿残高（帳簿棚卸高）をもって作成された貸借対照表上で行われる，いわば算式上の財産法と実地棚卸高による本来の財産法とは区別されなければならない。

III 単式簿記（一面的認識）による利益計算

これまで繰り返してきたように，複式簿記と単式簿記の相違点は取引を二面的に認識するか，一面的に認識するかという点にある。

例えば，収支計算は現金の出入を記録・計算するものであり，入金と出金との差額は「収支差額」と呼ばれる。これは現金の増減額を意味する。つまり，単式簿記では，基本的には，損益法による極めて抽象的な利益計算はできないのである。それ故，単式簿記で利益を計算するとすれば，財産法によって行わなければならない。

一面的認識に基づく場合でも，継続記録によって把握された帳簿残高をもって，財産目録は作成することができるので，期末の資産および負債を計算することはできる。したがって，単式簿記でも，「収支差額」の計算だけではなく，帳簿残高に基づいて，財産法による利益計算は可能となる。

次のような説例を使って，一面的認識をした場合の帳簿残高に基づいた財産法による利益計算を明らかにしてみよう。この説例は，①～⑨の経済事象を一連の取引（4月中の連続する取引）としたものである。

【説例】

① 4月1日 元手100万円を現金で用意し，営業を始めた。
② 2日 家賃50万円を現金で支払った。
③ 8日 商品80万円を掛で仕入れた。
④ 12日 上記③の商品を100万円で現金販売した。
⑤ 20日 銀行より現金50万円を借り入れた。
⑥ 24日 商品70万円を現金で仕入れた。
⑦ 26日 上記⑥の商品を110万円で掛販売した。
⑧ 27日 売掛金のうち60万円を手形で受け取った。
⑨ 28日 買掛金のうち20万円につき手形を振り出して支払った。

（1）単式簿記による一面的認識

　上記の説例の各取引について単式簿記による一面的認識をすると，次のようになる。

①	4月1日	現金の増加	100万円
②	2日	現金の減少	50万円
③	8日	商品の増加	80万円
		買掛金の増加	80万円
④	12日	現金の増加	100万円
		商品の減少	80万円
⑤	20日	現金の増加	50万円
		借入金の増加	50万円
⑥	24日	商品の増加	70万円
		現金の減少	70万円
⑦	26日	売掛金の増加	110万円
		商品の減少	70万円
⑧	27日	売掛金の減少	60万円
		受取手形の増加	60万円
⑨	28日	買掛金の減少	20万円
		支払手形の増加	20万円

（2）単式簿記に基づいた財産法による利益計算

　単式簿記においては，以上の一面的認識に基づいて，次のように利益計算をする。

(i) **単式簿記（一面的認識）による期末純資産の計算**

(1) 期末資産の計算（単位：万円）

現金の増減	：①100 − ②50 + ④100 + ⑤50 − ⑥70 =	130
受取手形の増減	：⑧60	60
売掛金の増減	：⑦110 − ⑧60 =	50
商品の増減	：③80 − ④80 + ⑥70 − ⑦70 =	0
合　計		240

(2) 期末負債の計算（単位：万円）

支払手形の増減	：⑨20	20
買掛金の増減	：③80 − ⑨20 =	60
借入金の増減	：⑤50	50
合　計		130

(3) 期末純資産の計算（単位：万円）

継続記録に基づく帳簿残高： 240 − 130 = 110

(ii) **単式簿記（一面的認識）による期首純資産の計算**

(1) 期首資産の計算（単位：万円）

現　金：	①100	100

(2) 期首負債の計算（単位：万円）　　　　　　　　　　　　　　　0

(3) 期首純資産の計算（単位：万円）

継続記録に基づく帳簿残高：　　　　　　　100 − 0 = 100

(iii) **単式簿記（一面的認識）に基づいた財産法よる利益計算**（単位：万円）

期末純資産	110
期首純資産	100
当期利益	10

以上のように，単式簿記では，資産および負債の増減を一面的に認識する。交換については，単式簿記でも，財の引渡と財の受入の両方の流れを認識する。ただし，その場合でも，認識は，引き渡した財と受け入れた財，それぞれについて一面的になされるのである。

Ⅳ　複式簿記（二面的認識）による利益計算

（１）複式簿記による二面的認識

同じ説例を使って，複式簿記による二面的認識をすると，次のようになる。

① 　4月1日　現金という運用形態の増加100万円と，資本金という調達源泉（事業主受入分）の増加100万円
② 　　2日　支払家賃という調達源泉（経営者稼得分）の減少50万円と，現金という運用形態の減少50万円
③ 　　8日　商品という運用形態の増加80万円と，買掛金という調達源泉（債権者受入分）の増加80万円
④ 　　12日　現金という運用形態の増加100万円と，売上という調達源泉（経営者稼得分）の増加100万円

		仕入（売上原価）という調達源泉（経営者稼得分）減少80万円と，商品という運用形態の減少80万円
⑤	20日	現金という運用形態の増加50万円と，借入金という調達源泉（債権者受入分）の増加50万円
⑥	24日	商品という運用形態の増加70万円と，原価という調達源泉（経営者稼得分）の増加70万円
		原価という調達源泉（経営者稼得分）の減少70万円と，現金という運用形態の減少70万円
⑦	26日	売掛金という運用形態の増加110万円と，売上という調達源泉（経営者稼得分）の増加110万円
		仕入（売上原価）という調達源泉（経営者稼得分）の減少70万円と，商品という運用形態の減少70万円
⑧	27日	売掛金という運用形態の減少60万円と，原価という調達源泉（経営者稼得分）の減少60万円
		受取手形という運用状態の増加60万円と，原価という調達源泉（経営者稼得分）の増加60万円
⑨	28日	買掛金という調達源泉（債権者受入分）の減少20万円と，「現金」という運用形態の減少20万円
		「現金」という運用形態の増加20万円と，支払手形という調達源泉（債権者受入分）の増加20万円

　なお，⑥，⑧の「原価」および⑨の「現金」は二面的認識の構造（深層構造）を説明するための便宜的に設けられた勘定科目であり，表層的には表示されない科目である。ただ，構造を示すために設けられた科目は擬制された科目とは区別されなければならない。擬制は，例えば⑥を商品という運用形態の増加70万円と買掛金という調達源泉（債権者受入分）の増加70万円，および買掛金という調達源泉の減少70万円と現金という運用形態の減少70万円というように二面的に認識する場合の「買掛金」は実際には現金で仕入れたにもかかわらず掛

けで仕入れたと認識するのであれば虚偽性が含まれる概念であるが，深層構造を示す勘定は表面にあらわれていないものを認識するためのものであり，虚偽を含むものではないからである。

　二面的認識に基づく複式簿記では，損益法による利益計算と財産法による利益計算の二つの利益計算を行うことができる。上記二面的認識を使って，二つの利益計算を示すと，次のようになる。

（2）複式簿記に基づいた財産法による利益計算

(i) 複式簿記（二面的認識）による期末純資産の計算

(1) 期末資産の計算（単位：万円）

現金の増減	：①100－②50＋④100＋⑤50－⑥70－⑨20＋⑨20	
		＝ 130
受取手形の増減	：⑧60	60
売掛金の増減	：⑦110－⑧60 ＝	50
商品の増減	：③80－④80＋⑥70－⑦70 ＝	0
合　　計		240

(2) 期末負債の計算（単位：万円）

買　掛　金	：③80－⑨20 ＝	60
支　払　手　形	：⑨20	20
借　入　金	：⑤50	50
合　　計		130

(3) 期末純資産の計算（単位：万円）

  続記録に基づく帳簿残高：   240 − 130 = 110

(ii) **複式簿記（二面的認識）による期首純資産の計算**

 (1) 期首資産の計算（単位：万円）

  現 金：①100   100

 (2) 期首負債の計算（単位：万円）   0

 (3) 期首純資産の計算（単位：万円）

  継続記録に基づく帳簿残高：   100 − 0 = 100

(iii) **複式簿記（二面的認識）に基づいた財産法による利益計算**（単位：万円）

期末純資産	110	
期首純資産（＝資本金）	100	（継続記録に基づく帳簿棚卸）
当期利益	10	

　資本金は期首の純資産（期首資産−期首負債）を意味し，期末の純資産（期末資産−期末負債）との差額が利益であると考える。この計算を貸借対照表上で行っていることになる。ただし，こうした財産法による利益計算では期首および期末の純資産額は継続記録に基づく誘導法により把握される。

（3）複式簿記に基づいた損益法による利益計算（単位：万円）

当期利益 ＝ －（②支払家賃）50 ＋（④売上）100 －（④仕入）80
　　　　　＋（⑥原価）70 －（⑥原価）70 ＋（⑦売上）110 －（⑦仕入）70
　　　　　－（⑧原価）60 ＋（⑧原価）60 ＝ 10

V　棚卸法に基づく財産法

　棚卸法に基づく財産法では，実地棚卸高と時価（あるいは法的債務額）に基づいて積極財産と消極財産を別個に計算し，両者の差額として正味財産を計算し，このようにして求めた二時点の正味財産を比較して計算した増減額をもって利益とする。

　棚卸法に基づく財産法により利益計算をすると，次のようになる。ただし，説例では説明の便宜上，単純化しているため，時価で評価できる資産は期首も期末も存在していない。そのため簿価と時価が一致している場合を想定しているが，時価が簿価と異なるときには評価差額が利益金額に含まれることになる。

（i）期末実地棚卸高（単位：万円）

　　　積極財産：現金130 ＋ 受取手形60（時価）＋ 売掛金50（時価）＝ 240

　　　消極財産：買掛金60（法的債務）＋ 支払手形20（法的債務）
　　　　　　　 ＋ 借入金50（法的債務）＝ 130

　　　正味財産：積極財産240 － 消極財産130 ＝ 110（実地棚卸高による）

(ii) **期首実地棚卸高**（単位：万円）

  積極財産：現金 100

  消極財産： 0

  正味財産：積極財産100－消極財産0＝100（実地棚卸高による）

(iii) **正味財産の増加高**（単位：万円）

  当期利益：期末正味財産110－期首正味財産100＝10（正味財産の増加）

　棚卸法に基づく財産法では，上記の計算過程が示すように帳簿から誘導するのではなく，実地棚卸によって作成された財産目録の期首，期末の二期間比較によって利益を計算するため，期中の増減の詳細を知る必要はない。

第8章　財務諸表の期間と時点

I　財務諸表の日付

　本章では，財務諸表に記載されている「日付」に注目し，一般にいわれているように，貸借対照表は時点ないしストックの報告書であり，損益計算書は期間ないしフローの報告書であるということが妥当かどうかを再検討する。

　以下，財務諸表の日付の意味をおおよそ次のような順序で明らかにしていくことにする。最初に，財務諸表に記載される日付のはたらきを，

① 　情報の内容を指示するはたらき
② 　作成日を指示するはたらき
③ 　作成者が負うべき責任の時間的範囲を指示するはたらき

という三つに峻別する。

　次に，これらのうち，最も重要なのは，情報の内容を指示するはたらきであることを指摘する。

　続いて，内容を指示するはたらきに論点を絞って「損益計算書は期間についての報告書であり，貸借対照表は時点についての報告書である」とする考え方を次の二つの事実を踏まえて，再検討する。

① 　損益計算書も貸借対照表もともに煎じ詰めて考えれば，総勘定元帳の各勘定の貸借の差額の一覧表であって両者の間には記録・計算の構造上，相

違はみられない。つまり，両者は構造的に同型である。
② 会計においては，期間も時点もともに必ず幅をもつものであり，両者の間に相違が存在するとしても，そこには程度の差が認められるだけである。

Ⅱ 財務諸表の日付の三つの役割

　損益計算書は期間についての報告書であり，貸借対照表は時点についての報告書である，といわれる。こうした説明に関して，次の二点を指摘しておく必要がある。第一は，財務諸表に記載されている日付（期間または時点）は，財務諸表が報告する内容を時間的に限定する役割と，財務諸表が作成された時点を表す役割と，そして財務諸表の作成者である経営者の責任についての時間的限定を明確にする役割の三つのはたらきをもつということである。指摘しなければならない第二の点は，期間も時点も幅を考えた場合にはあまり区別する意味がないということである。

（1）日付の内容指示機能

　財務諸表上に記載される日付の一つの役割は，付された期間および時点は，それぞれの報告書の内容を指示するというものである。日付のこのはたらきによって，貸借対照表は「決算日時点における財政状態についての報告書」であり，損益計算書は「貸借対照表日をもって終了する会計期間の経営成績についての報告書」であると理解される。日付のもつこの種のはたらきを，ここでは，とりあえず「内容指示機能」と呼ぶことにする。

　財務諸表に付された日付には，そこに記載されている内容について時点ないし期間を限定するという意味があるにもかかわらず，かつて，利益処分計算書には，株主総会で決定された時の日付を記載する慣わしになっていた。この慣行を日付の内容指示機能によって説明することはできない。また（財務諸表ではないが広義の公表会計制度上の報告書である）監査報告書には，その作成日が日付として記載されることになっていることも，日付のもつ内容指示機能によっ

て説明することはできない。

これらの実務は財務諸表等に記載される日付が情報の内容を指示する役割だけを担っているのではなく，作成日を表すというはたらきも合わせてもっていることを示唆するものである。以下，作成日を表すという日付のはたらきを「作成日指示機能」と呼ぶことにする。

（2）作成日としての基準日と確定日

もっとも，財務諸表の作成日には，基準日と確定日の二つがあることに注意しなければならない。

（ⅰ）作成日としての基準日

貸借対照表も損益計算書も決算日時点に立脚して作成された報告書である。これらの財務諸表上の日付によって，作成者（経営者）がどの時点に立脚して貸借対照表および損益計算書を報告しているのかが明らかにされる。

したがって，この意味での「作成日」は実際に作成が完了した日ではなく，基準日を意味する。例えば，3月31日決算日の上場企業の財務諸表は，実際には，決算日後3ヶ月以内に作成されて公表されるが，基準日はあくまでも3月31日である。

基準日である決算日から公表日までは，財務諸表を完成させる期間であり，その間に生じた出来事については，経営者は当然，知りうる立場にある。しかし，決算日以後に生起した出来事について，経営者は不知という前提で当期の財務諸表本体は完成される。

要するに，貸借対照表は，決算日現在の財政状態（内容）を経営者が決算日を基準日として報告するものであり，損益計算書は，決算日までの一定期間の経営成績（内容）を経営者が決算日を基準日として報告するものである。つまり，内容を表す時点および期間と作成したとする時点すなわち基準日が，貸借対照表においては完全に重なり，損益計算書においてはその一部に含まれて（かくれて）しまっていると考えられる。

(ii) 作成日としての確定日

　利益の処分は決算日までに稼得，あるいは受け入れた利益の一部の分配であった。それ故,「利益処分計算書」も，決算日を基準日として作成するのが理論的であったはずである。

　しかしながら,「利益処分計算書」は，処分が確定する株主総会までは「利益処分案」と呼ばれ，株主総会において，その処分案が承認された後,「案」がとれて「利益処分計算書」と名称を変えた。そのため，利益処分計算上は確定日である株主総会の日付が表面にあらわれ，内容を指示すべき日付は表面にあらわれなかったのである。

　本来，貸借対照表や損益計算書もまた株主総会において確定するまでは，実質は「案」にすぎないはずである。それにもかかわらず，前述のように，貸借対照表や損益計算書は決算日を作成の基準日としている。利益処分計算書に付される日付だけが，株主総会において，株主が承認した日をもって，作成日としていたので基準日である決算日もまた表面にはあらわれていない。これは利益の処分が基本的に株主の専決事項であるということを強く意識したものであるといえよう。

　ちなみに，2006年5月期からは,「利益処分計算書」にかわり,「株主資本等変動計算書」が作成されるようになった。この「株主資本等変動計算書」には剰余金の分配が随時行えるようになったことにともない損益計算書と同じく期間が日付として付される。

(3) 責任限定日指示機能

　そもそも作成日の記載には，作成日を単に記録にとどめるという意味（備忘機能）をもつだけではなく，作成者の負うべき責任の限界を明確にするというはたらき（責任限定）もともなっている。日付のこの種のはたらきを「責任限定日指示機能」と呼ぶことができよう。このときの日付は実際の作成日を示すものである。

　ちなみに，日付の責任限定日指示機能に関して，米国の監査実務においては

第8章　財務諸表の期間と時点

監査報告書に，その作成日だけでなく，監査人の現場業務終了日も合わせて記載（dual dating）している。こうした実務は監査人が責任を負うべき時間的範囲を明確化するためのはたらきを監査報告書に記載された日付にもたせるためである。

この監査報告書の日付の例のように，作成日と責任の時間的範囲の限定とが分離することが稀にはありうるのである。実際の作成日と責任限定日は，通常は表裏の関係にあるため，厳密に区別されることはないのであるが，米国の監査報告書の例は日付にこれら二つのはたらきがあることを浮き彫りにするのである。

（4）財務諸表上の日付と三つの機能

もっとも，日付が責任限定日指示機能をもつからこそ，財務諸表ごとに記載されるべき日付に相違を生じさせていることは確かである。そして責任限定日指示機能の考察にあたっては，責任の内容が異なることも注意しなければならない。そしてまた損益計算書および貸借対照表上の記載事項に関しては経営者が株主等の利害関係者に対して責任を負い，かつての利益処分計算書については株主がとりわけ，債権者に対して責任を負い，監査報告書については監査人が各種利害関係者に対して責任を負うというように，それぞれの報告書についてのその責任を負う主体と相手が異なっていることも見のがせない。

要するに，財務諸表や監査報告書上の日付については三つのはたらきが含まれており，それらは分けて考えなければならないのである。情報の内容と情報作成の基準日と実際の情報の作成時点が一致しない事例として，損益計算書と貸借対照表の例をあげることができる。また，基準日と確定日とが一致しない事例として，利益処分計算書の例をあげることができる。むしろ，これらのズレから，日付の内容指示機能と作成日指示機能を認識でき，作成日として基準日と確定日があることを知ることができるわけである。

さらに実際の作成日と責任限定日との間に不一致が生じる例として米国の監査報告書をあげることができる。そして，やはり両者のズレから逆に日付の作

成日指示機能と責任限定指示機能を区別して認識することができるわけである。

とりわけ貸借対照表に記載された日付には，このような峻別されなければならないはずの情報の内容指示機能，作成日指示機能，責任限定日指示機能をすべて一つの日付で果たしているケースであると理解することができる。つまり，少なくとも貸借対照表に限っては，これら三つの役割が，そこに記載されている日付の中に混在していると考えなければならないのである。

さて，これら日付の三つの役割のうち，作成日の問題は会計制度上の技術的・手続的問題である。少なくとも，こうした機能を重視する限りでは損益計算書も貸借対照表もともに決算日（基準日）に立脚して作成されるわけであるから，そこに付される日付は決算日のはずであり，損益計算書が期間に関する報告書であり，貸借対照表が時点に関する報告書であるというように分かれることはもともとないのである。

また，責任の問題も会計制度上のやはり技術的・手続的問題である。すなわち，通常はアカウンタビィリティー（accountability）の解除の問題とされている。ここでもやはり責任の時間的な範囲を限定することを理由に損益計算書と貸借対照表に記載されている日付が期間と時点に分かれることはない。

損益計算書と貸借対照表が期間に関する報告書と時点に関する報告書であるというように区別される理由は，日付の内容指示機能と深くかかわっているといえる。そこで，損益計算書はフローについての報告書であり，貸借対照表はストックについての報告書であるとする考え方を再検討する場合，われわれが関心を払わなければならないのは，この情報の内容指示機能としての日付なのである。

III 貸借対照表項目および損益計算書項目の〈残高〉の構造論的説明

いま，貸借対照表項目を代表させて売掛金勘定を，そして損益計算書項目を代表させて交通費勘定を取り上げることにする。

売掛金勘定においては図8－1で示すように期中の増減は，借方合計および貸方合計として把握される。この場合，期首残高は，前期からの繰越分であり，当期の増加項目の一つとして扱うことができる。

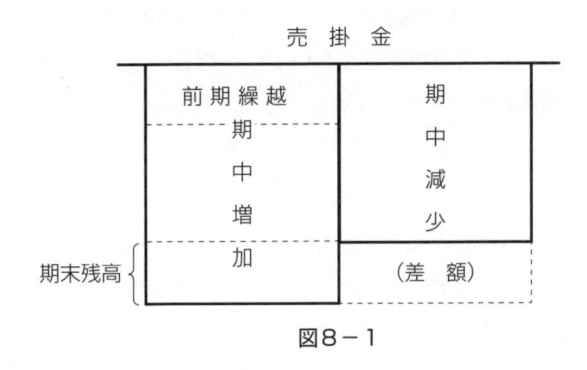

図8－1

大陸式決算法に従えば，期末において決算の際の集合勘定である「決算残高」勘定に各勘定の借方の合計数値と貸方の合計数値の差額を振り替えるとき，それまで期間の数値を内容としていたはずの合計数値が，時点における差額数値に変換されることになる。

財務会計では，「決算残高」勘定（英米式の決算方法では，各個別勘定の残高）から誘導して貸借対照表は作成されるのであるから，売掛金も含めて貸借対照表項目はすべて一時点におけるストックの数値であるといえる。それ故，貸借対照表の内容が一時点の状態を表すという考えに対しては，あまり違和感が生じない。

損益計算書項目では，通常，発生順に（費用のときは借方のみに，収益のときは

交　通　費

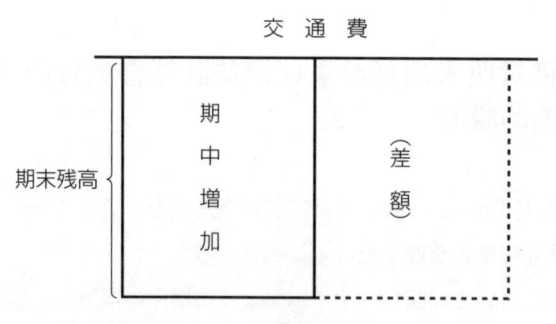

期末残高 { 期中増加 　（差額）

図8−2

貸方のみに）記録（転記）がなされ，減少額は特殊な場合（修正のための反対記入される場合等）を除いては記録されない。つまり，期中の増加額のみが記録（転記）される。それ故，交通費勘定においては，**図8−2**で示すように発生額の合計金額がそのまま借方と貸方の差額となる。したがって，交通費勘定の貸借の差額をもう一つの決算集合勘定である「損益」勘定に振り替える手続自体は，個別勘定の貸借の差額を決算集合勘定へ振り替える手続であり，売掛金勘定のときに「決算残高」勘定へ振り替えた手続と構造上は全く同型である。そこでも，やはり期間の合計数値から時点の差額数値への変更がなされているはずなのである。しかし，損益計算書項目の多くは，期中の増加額合計と期末の残高とで数値そのものに変化がない（同額である）ため，内容的にも期間の合計数値のままとどまっているとみなされやすい。

　こうした事実が背景にあるからこそ，損益計算書は期間的なフローの報告書であり，貸借対照表は時点的なストックの報告書であるとする意味づけがなされるのである。損益計算書項目も最終的には借方および貸方が合計され，全体としての貸借の差額，すなわち利益が会社（法人）の場合には，未処分利益勘定，個人事業の場合には，資本金勘定の一部に振替えられて，貸借対照表項目として次期に繰り越されているのであるから，売掛金と交通費を区別する理由はないはずである。

　もっとも，損益計算書項目については，常に期中の増加の総額が期末残高となるとはかぎらない。また，貸借対照表項目といえども，ときには期中の増加

の総額がそのまま期末の残高となっている場合もありうる。しかしながら，ここでは，構造的には両者は全く同型であるということを強調しておく必要がある。

　むしろ記載されている各項目の名称（勘定科目）と現実の世界との結びつきが先行して，貸借対照表項目は「決算残高」勘定に集計されて次期に繰り越される。これに対して損益計算書項目は個々の勘定残高としては次期に繰り越されないが，いったん決算集合勘定である「損益」勘定に集計され，「損益」勘定の差額（「損益」勘定の残高）が貸借対照表上の資本の増減として繰り越されるというように，繰越処理の次元（メタ次元）を異にしているのである。

　売掛金以外の多くの貸借対照表項目，また交通費以外の多くの損益計算書項目についても，勘定科目を現実の世界と結びつけて繰越の処理方法を区別する根拠としていると考えられるのである。売掛金勘定，交通費勘定について考察したことを財務諸表項目全体についてながめるために，以下では合計試算表から残高試算表，残高試算表から貸借対照表および損益計算書へという流れに移し替えて検討してみることにする。

Ⅳ　複式簿記の手続の一環としての試算表

（1）試算表の作成

　複式簿記の手続を構造論的にみてみると，まず，期中において個々の取引は，二面的認識に基づいて仕訳され，総勘定元帳の各勘定に転記される。その後，期末に総勘定元帳の各勘定に累積された記録の借方および貸方のそれぞれをまとめて，要約表を作成する。このようにして作成された要約表が試算表であり，この試算表には①合計残高試算表，②合計試算表，③残高試算表がある。

（2）合計残高試算表

　いま，次のような説例を使って，合計残高試算表を作成すると，図8-3（111頁）のようになる。

【説例】
① 現金100万円を用意して営業を始めた。
② 銀行より現金50万円を借り入れた。
③ 商品20万円を購入し，代金のうち8万円は現金で支払い，残額は掛けとした。
④ 商品30万円を販売し，代金のうち，10万円は現金で受け取り，残額は掛けとした。
⑤ 売掛金15万円を現金で回収した。
⑥ 買掛金10万円を現金で支払った。

ちなみに，①〜⑥の仕訳を示すと，以下のようになる。

①	（借）	現	金	1,000,000	（貸）	資　本	金	1,000,000
②	（借）	現	金	500,000	（貸）	借　入	金	500,000
③	（借）	仕	入	200,000	（貸）	現	金	80,000
						買　掛	金	120,000
④	（借）	現	金	100,000	（貸）	売	上	300,000
		売　掛	金	200,000				
⑤	（借）	現	金	150,000	（貸）	売　掛	金	150,000
⑥	（借）	買　掛	金	100,000	（貸）	現	金	100,000

合計残高試算表の「合計」欄は各勘定の借方および貸方の合計をそれぞれまとめたものである。

例えば，現金の借方合計は，会計期間にわたって，現金勘定の借方に転記された仕訳すなわち，①，②，④および⑤の取引の合計であり，貸方合計は，③および⑥の取引の合計である。

ところで，各取引は，二面的認識に基づく貸借平均の原理に従って仕訳され，

その仕訳を総勘定元帳のそれぞれの勘定へ転記される。このときには，その仕訳の借方金額は当該勘定の借方へ，貸方金額は当該勘定の貸方へ転記されるのであるから，総勘定元帳全体でも貸借平均が保たれ，その結果，総勘定元帳全体を要約した合計残高試算表の借方の「合計」欄の合計と貸方の「合計」欄の合計は一致する。この一致を確かめることによって，期中の仕訳と転記誤りが無かったかどうかを検証することが可能となる。試算表のこのような働きは「自動検証機能」，あるいは「自検機能」といわれている。

ただし，この自検機能には，一定の限界がある。例えば，借方と借方の勘定間，あるいは貸方と貸方の勘定間の転記に誤りがあるときは，当然その誤りを検出できない。

（3）合計試算表

図8-3の合計残高試算表の「合計」欄を取り上げたのが，図8-4に示す「合計試算表」である。前述のとおり，合計試算表の各勘定の借方および貸方金額は，会計期間に生じた取引すなわち記録された取引の借方総計および貸方総計を表している。

合計残高試算表

借方残高	借方合計	勘定科目	貸方合計	貸方残高
1,570,000	1,750,000	現　　　金	180,000	
50,000	200,000	売　掛　金	150,000	
	100,000	買　掛　金	120,000	20,000
		借　入　金	500,000	500,000
		資　本　金	1,000,000	1,000,000
		売　　　上	300,000	300,000
200,000	200,000	仕　　　入		
1,820,000	2,250,000	計	2,250,000	1,820,000

一致
一致

図8-3

合計試算表

借　方	勘定科目	貸　方
1,750,000	現　　　金	180,000
200,000	売　掛　金	150,000
100,000	買　掛　金	120,000
	借　入　金	500,000
	資　本　金	1,000,000
	売　　　上	300,000
200,000	仕　　　入	
2,250,000	計	2,250,000

図8-4

（4）残高試算表

　合計残高試算表の「残高」欄は個々の勘定ごとに借方および貸方の金額の差額をどちらか多い方に記載したものである。ここで注意すべきは残高欄の合計も，やはり貸借が一致するということである。

　例えば，現金勘定の残高1,570,000円は，借方合計1,750,000円から，貸方合計180,000円を差し引いた金額であるが，このときの「差し引く」という行為は，借方から180,000円，貸方から180,000円を同時に取り除くということを意味するのである。

　同様に，買掛金勘定の残高20,000円は，貸方合計120,000円から借方合計100,000円を差し引いた金額である。このことは借方から100,000円を取り除き，貸方からも100,000円を取り除くということを意味する。

　つまり，現金勘定および買掛金勘定のいずれの場合も，借方および貸方から同額を同時に控除して残高を求めていることになる。したがって，もともと合計残高試算表の合計欄の借方合計と貸方合計は一致していたものを貸借同時に同額控除するのであるから，合計残高試算表の残高欄の借方合計と貸方合計も一致することになる。

　この合計残高試算表のうち，残高欄だけを取り上げてTフォームに作り替え

ると，次の**図8－5**のような残高試算表を作ることができる。

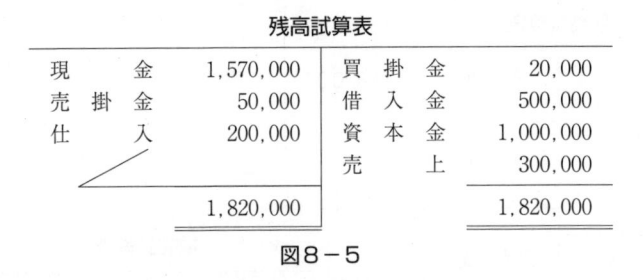

残高試算表

現　　　金	1,570,000	買　掛　金	20,000
売　掛　金	50,000	借　入　金	500,000
仕　　　入	200,000	資　本　金	1,000,000
		売　　　上	300,000
	1,820,000		1,820,000

図8－5

さらに，この残高試算表の内容を図で表すと，次のようになる。

残高試算表

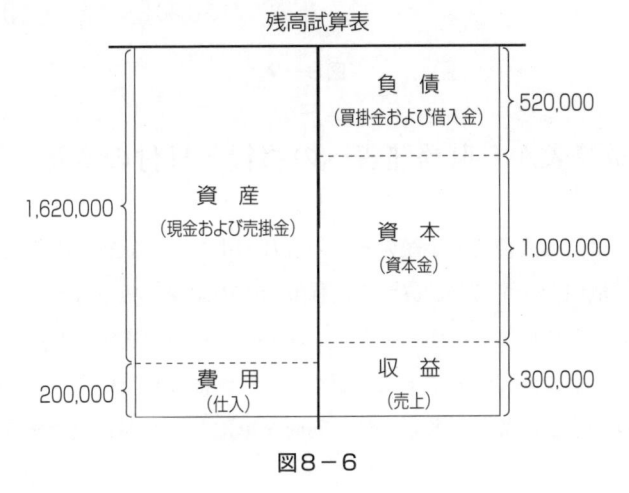

	負　債 （買掛金および借入金）	520,000
1,620,000	資　産 （現金および売掛金）	
	資　本 （資本金）	1,000,000
200,000	費　用 （仕入）	収　益 （売上）	300,000

図8－6

さらに残高試算表を貸借対照表と損益計算書に分離する過程を図示すると**図8－7**のようになる。

図8－7

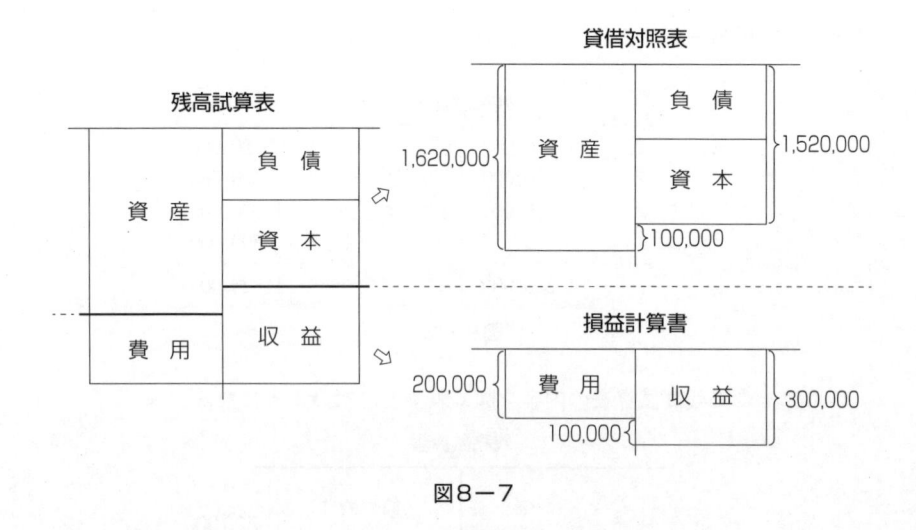

V　試算表から財務諸表への移行と日付の変化

　基本的には，複式簿記の手続の一連の流れの中で，仕訳帳から総勘定元帳への転記は，取引の発生順の記録から同種取引への記録の組み替えという作業であると考えられている。しかしながら，組替後も一つの勘定においては，ある程度，順序が保たれていることに気をつけなければならない。

　図8－4の合計試算表は明らかに一期間を単位とした要約表である。一期間に起こった事象を内容としているにもかかわらず，要約表であるということから，合計試算表は，順序についての考えが埋没してしまっているので，この段階で，もはや厳密な意味でのフローとしての性格を失いつつある。

　もっとも，今日，帳簿組織の発展やコンピュータによる処理の発達にともなって，合計仕訳や合計転記（特別欄または特殊仕訳帳を用いるとき）を利用する機会は多くなっている。その場合，厳密にいうと仕訳帳への記帳の段階で，はやくも順序が無視されていることになる。それでもなお，仕訳帳における記録および元帳上の一勘定における借方，貸方の記録は順序を保っていると一般にはみなされていることを思えば，それと同じ程度の厳密さをもって，合計試算

第8章 財務諸表の期間と時点

表が指示している内容を，なおフローであるといっても差し支えはない。

加えて，合計額は一期間の合計数値であるという日付の内容指示機能がはたらき，合計試算表に付される日付は期間であることが多い。

これに対して，残高試算表は，期末時点における各勘定の借方と貸方の差額の一覧表であり，差額を把握するということは，説例においてみたように，借方，貸方のどちらか少ない方の金額を全額借方，貸方のそれぞれの合計額からおのおの控除するということである。したがって，残高試算表上の数値は期末時点の数値（差額）を表す。

ただし，残高試算表上の損益計算書項目の多くは期間についての要約表としての性格を残すものもある。損益計算書項目は前述のように借方または貸方への記入のみが期中でなされることが多く，その合計額がそのまま残高になっていることが多い。したがって，残高試算表には期間についての要約表としての性格が残っているといえる場合もある。しかし，残高試算表を合計試算表と比べた場合，期間についての要約表という性格よりは，一定時点の差額の一覧表という性格がより強く認められるのである。

確かに貸借対照表（「決算残高」勘定）と損益計算書（「損益」勘定）のそれぞれの項目が混在する残高試算表は，勘定科目の次元でその意味を理解すれば，期間的な内容のものと時点的な内容のものが未分離のまま，一時点の要約表として取り扱われることになる。しかし，残高試算表を構造的にとらえれば，一時点の単なる差額の要約表であると考えた方が自然である。このことを反映して，また作成日指示機能も加わって，普通，残高試算表には，作成日（基準日）である決算日の日付が付されるのである。しかしながら，残高試算表が，損益計算書と貸借対照表に分かれると，再び日付の内容指示機能がはたらいて，それぞれ期間と時点についての報告書に分かれるのである。日付の変化に注目して，合計残高試算表から貸借対照表および損益計算書へという一連の流れを図で示すと，**図8-8**のとおりである。

図8−8

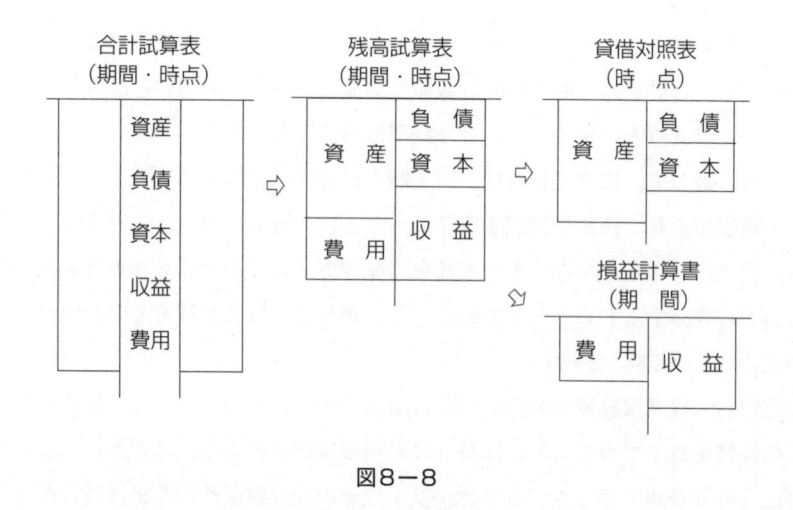

Ⅵ 時点の幅と期間の幅

　日付が示すとおり，損益計算書は期間についての報告書であり，同じく日付が示すとおり，貸借対照表は時点についての報告書であるという説明を再検討するときに指摘しておかなければならない第二の点は，期間と時点のそれぞれの幅の問題である。

　仮に，日付の内容指示機能に従って，損益計算書は期間についての報告書であり，貸借対照表は時点についての報告書であるとしても，会計における時点はかなり幅をもつものであり，厳密な一時点すなわち瞬間を意味しているわけではない。むしろ，会計における時点は期間に近い時点であり，両者（時点と期間）にそれほどの相違があるとはいえない。

　もともと日常用語としての「いま」あるいは「現在」は厳密な意味での瞬間的一時点を意味するものではない。例えば，3月末日が決算日の企業において，「現在，決算を行っている」という言明は，おそらく，決算日の翌日から株主総会の日までの間（上場企業の場合，通常決算日後3ヶ月以内）の期間を指示して「現在」という言葉を用いているものと思われる。つまり，起こりつつある事

象，あるいは，なしつつある行為について言及するときには，瞬間的な一時点における事態だけではなく，すでに過去になったことも，未だ到来していない未来のことについても触れているのが普通である。

「現在，決算を行っている」という例は，3月末日決算の企業では，実務上，例えば，4月10日の時点でも5月10日の時点でも同じく有意味であり，しかも通常，4月10日時点で言明したときには，5月10日（未来）も含めて「現在」ということばで言い表しており，5月10日時点で言明したときは4月10日（過去）も含めて「現在」ということばで言い表していることが多いのである。事実，このようなことはわれわれのしばしば経験するところである。

会計では，当然のことながら，このような日常用語より，厳密性を求めている。しかしながら，例えば，連結貸借対照表の作成にあたって親会社と子会社とで決算日を同じくする場合であっても，時差のある外国子会社の貸借対照表を含めるときには，当該連結貸借対照表は，物理的に厳密な意味での一時点の状態を表示しているとはいえない。

さらに，制度上は連結貸借対照表の作成にあたって親会社と子会社とで決算日の差異が3ヶ月を超えないときには，子会社の最も近い決算日現在の貸借対照表を基礎にして連結貸借対照表を作成することになっているので，この場合には，なおさら，出来上がった連結貸借対照表が内容としている「現在」は厳密な意味での一時点を表すものではないことは，あらためて指摘するまでもないであろう。

そしてまた，損益計算書が期間に関する報告書であるとしても，損益計算書における「今期」または「当期」は，一会計期間（通常は1年）を意味するものである。つまり，損益計算書における「現在」は，もともと幅をもつ時間概念である。

加えて，損益計算書は貸借対照表上の利益（資本の増加）の明細（内訳）を示していると説明される。いうまでもなく，このときの明細は一時点における売掛金残高の明細としての得意先ごとの残高の一覧表，あるいは，買掛金残高の明細として仕入先ごとの残高の一覧表とは性格が異なるものである。損益計算

書が資本の増加の積極的要因（収益）と消極的要因（費用）の一期間の要約表であるとする以上，それらを総括した貸借対照表上の一項目である「利益」には，本来，期間的内容の要素が含まれることになるはずだからである。

同じく明細であるとはいえ，売掛金と各得意先，買掛金と各仕入先の関係は一時点における数値と一時点における数値との間の関係であり，いずれも一時点の残高とその明細という関係であるが，貸借対照表上の利益（資本）と損益計算書との関係は一時点の数値とその時点に至るまでの一期間の数値との間の関係であり，一時点の残高と一期間の合計額との関係であるということになるはずだからである。

このように考えると貸借対照表は，一時点の要約表であるとは必ずしもいいきれないところがある。

Ⅶ　貸借対照表は時点の報告書であり，損益計算書は期間の報告書であるとする意味論的根拠

さて，貸借対照表は時点についての報告書であり，損益計算書は期間についての報告書であるという主張に対して，Ⅴ節では，貸借対照表と損益計算書とが分離する以前の状態である，試算表上の各項目の構造を分析し，その結果，複式簿記の構造上は貸借対照表項目も損益計算書項目も同型であって変わるところはないことを確かめた。そして，Ⅵ節では，時点と期間はいずれも幅をもつ概念であるところから，両者を区別することにそれほど重要な意味を見出しえないことを指摘してきた。それ故，貸借対照表を時点，損益計算書を期間と結びつけて両者を区別することは，厳密性をもたないことはもちろんであるが，その見かけから受ける印象ほどには意味をもたないということも指摘しておかなければならない。

とはいえ，構造的には各勘定の単なる貸借の差額の一覧表であったはずのものが，貸借対照表は時点についての報告書であり，損益計算書は期間についての報告書であると一般的に考えられがちなのは，各勘定の名称，すなわち勘定

科目名を現実の世界と結びつけることによってその意味がつけ加えられるからにほかならない。つまり「残高」(balance) を単なる「差額」を意味することばとしてではなく，現実の世界に結びつけて「有高」を意味することばとして理解するからである。

貸借対照表項目についていえば，通常，前述の売掛金勘定の例でみてきたように，具象的な次元でとらえられるので，そこで表されるものの実在を実感させ，

$$残高 = 「有高」$$

という等式に対しては，比較的抵抗を感じさせない。しかしながら，損益計算書の各項目は極めて抽象的であるということもあって，少なくとも，われわれの意識の中では日常用語としての「有高」とは意味上の不一致を生じさせる。しかも損益計算書項目の多くは，交通費勘定の例ですでにみてきたように，実際には借方（収益の場合は貸方）合計がそのまま貸借差額となるところから，残高が差額を意味するということさえもわれわれの感覚になじまないのである。

そのため，ますます上記の等式のように，損益計算書項目の残高を「有高」と意味づけることには抵抗があり，損益計算書に記載されている各項目は貸借対照表に記載されているものと異なった性格をもつものと強く印象づけられることになる。おそらく，こうしたことが損益計算書は期間についての報告書であり，貸借対照表は時点についての報告書であるといわれる主たる理由であると思われる。

VIII 財務会計における「残高」

これまで述べてきたように，日付の作成日（基準日）指示機能という次元では，貸借対照表と損益計算書との間で時点と期間というように日付を分けて理由はなかった。また，責任限定日指示機能という次元でも同様であった。両者

を分ける必要があるとしたら，それは内容指示機能の次元においてであった。しかしながら，この点についても貸借対照表も損益計算書もともに数値に注目すれば，構造的には同型である。ただ，記載されている項目の名称（勘定科目）の意味づけによって時点と期間とに区別されているのであるということが一応理解されたわけである。

　貸借対照表を動態論的に構造化した場合に，果たして，こうした意味論的根拠（残高＝「有高」）が時点と期間を分けることに対して，それほど重要な意味をもつのかどうかについては，なお，検討しなければならない。

　単なる差額の数値である残高を「有高」とする意味づけは静的貸借対照表においてこそ合理性をもつものである。動的貸借対照表では，そこに示されている内容は，はじめから「有高」と切り離されていたはずだからである。財務諸表に記載されている事項と事実との一致が問題であるということであれば，その場合の貸借対照表は，動的貸借対照表を措定してのものなのか，静的貸借対照表を措定してのものなのかを財務会計の出発点において考えなければならない。

　動態論においては，収支計算と損益計算との間での期間的ズレを生じたものが，貸借対照表に計上されることになると考える。したがって，素朴に考えるかぎり動的貸借対照表は，もともと「有高」を表すことを目的とする一覧表ではないと考えなければならないはずである。

第9章　財務会計の動態論的構造

I　動態論会計

　一般に，動態論といわれている会計理論も，そこには，いろいろなニュアンスが認められる。ここでは近代会計学の祖といわれるシュマーレンバッハ（Schmalenbach, E.）の動的貸借対照表（以下，動態論会計という）を取り上げることにする。

　周知のようにシュマーレンバッハによって，貸借対照表は期間損益計算を適正に行うために生じた未解決項目の一覧表であり，今期の損益計算ならびに次期以降の期間損益計算を適正に行うための，いわば期間と期間を結ぶ連結環（verknupfendes Band）であると位置づけられた。この場合の未解決項目は，収支計算と損益計算との間の期間的なズレをよりどころにしたものである。この考えが，動態論会計の原型をなしていることは広く知られているところである。

II　貸借対照表の動態論的構造

　こうした動態論会計において示された，貸借対照表の構造は図9－1に示す

貸借対照表

支　払　手　段	資　本　金
支出・未費用	収入・未収益
支出・未収入	収入・未支出
収益・未収入	費用・未支出

図9－1

とおりである。

　図9-1で示された貸借対照表の構造において「支払手段」と表示されているのは現金のことである。企業資本の増殖運動に即していえば，現金は運用される前の出発点にある状態であると同時に，運用された後の最終的な到達点にある状態でもある。貸借対照表が期末時点で作成されることを考えると，次期に展開する企業資本の増殖運動の出発点となるように待機している状態であるとも位置づけることができる。

　「支出・未費用」項目の具体例としては，材料，商品，建物などの費用性資産をあげることができる。これらは，価値生産の目的で，いずれ費消されることによって費用に転化するという性格の項目である。

　「支出・未収入」項目には，貸付金や有価証券などの外部投資項目が含まれる。これらは，いずれ返済を受け，あるいは売却することによって，現金を回収するという財務活動にともなって生ずる未解決項目であり，損益計算に対しては中性的な項目である。つまり，売上収益を獲得するための価値犠牲分という意味での費用に必然的に転化する費用性資産とは区別される。

　「収益・未費用」としてあげられた項目の具体例は，自家消費目的の製品である。ただし，ここでの収益は自分で製造した製品を利益含みの金額で自分に販売する（自分で購入する）場合であるから，現行の会計制度では，未実現利益を含めた内部売上に相当する。したがって，現行の公表会計制度のもとでは，この自家消費目的の製品は，未実現利益を排除して，「支出・未費用」項目に含められよう（「収益・未費用」については，第10章の図10-16についての説明も合わせて参照されたい）。

　「収益・未収入」項目には，売掛金や受取手形などの売上債権が含まれる。その他，さまざまな未収収益もここに含まれる。注意すべきことは，同じく債権を意味する貸付金が前述のように，「支出・未収入」項目であるとされるのに対して，売上債権が「収益・未収入」とされている点である。このことは動態論会計の根底に企業資本の循環プロセスの考えが横たわっており，しかも，その循環プロセスは営業循環プロセス，内部投資循環プロセス，外部投資循環

プロセス等，それぞれ異なったプロセスに分けて未解決項目の構造を考えていることを示唆しているのである。

次に，貸借対照表の貸方項目についての動態論的構造をみてみると，まず，「資本金」は，元入れによる収入つまり資本調達である。借方の現金が運用面における出発点であると同時に到達点でもあったのと同じく，「資本金」は企業資本の増殖運動の調達面における出発点であると同時に最終的な到達点でもある。これはまた，次期以降に展開する企業資本の増殖運動の出発点となるのである。

「費用・未支出」項目には，買掛金や支払手形などの仕入債務や未払費用などが含まれる。

「収入・未支出」項目には，借入金や社債などが含まれ，これらは前述の「支出・未収入」と同様に，財務活動によって生ずる項目であり，損益計算に対して中性的な収入・支出に関する未解決項目である。同じく債務を意味する買掛金や支払手形が「費用・未支出」項目であるのに対して，借入金等が「収入・未支出」項目とされる理由は前者が営業循環プロセスにおいて生ずる債務であり，後者は外部投資循環プロセスにおいて生ずる債務だからである。

「費用・未収益」項目の具体例の中には，自家修繕引当金が含まれる。まず修繕という行為は自らのために行うときにも，利益を含めた対価を受け取って，サービスを提供するという，売上収益が認識される行為であると考える。そこで，修繕を行っていない段階で設定される自家修繕引当金は，支出をともなわない費用の先取り認識のみを行い，それによって獲得する売上収益を獲得していないところから（サービスを提供していないのであるから），その構造は「費用・未収益」項目とされる。しかし，自家修繕のときの「未収益」は，現行の公表会計制度のもとでは，内部取引に関するものであり，したがって未実現収益自体の認識がもともと排除されるのであるから，自家修繕引当金は，「費用・未支出」項目に含める方が妥当性をもつ（この点について，第10章の図10－15に関する説明も合わせて参照されたい）。

「収入・未収益」項目には，前受金，繰延勘定の一つである前受収益などが

含まれるが，これは損益的収入の未解決項目である。

Ⅲ　動態論と静態論

ところで，一般に動態論会計を構成する基本概念は，損益法，誘導法，収益力要因としての資産，動的貸借対照表観等である。動態論会計はこれらの基本概念からなる会計理論の体系を意味する。これに対して，静態論会計は，財産法，棚卸法，換金性をもつ資産，静的貸借対照表観（財産目録的貸借対照表観）等を基本概念とし，これらの基本概念からなる会計理論の体系を意味する。

動的貸借対照表が収支計算と損益計算の期間的なズレを集めたものであると位置づけられているところからわかるように，動態論は発生主義を前提にするものである。現行の公表会計制度では，発生主義を前提とする動態論が実行されているが，発生主義と動態論とを観念的にいったん区別して考え，そのうえで，再び両者の結びつきを考えることにより，現行の公表会計制度が期間損益計算を適正に行うため，発生主義会計を基盤としているということがより鮮明に浮き彫りにされる。

もともと，動態論では収支計算と損益計算との間に期間的なズレが生じたときの未解決項目を次期に繰り越すと考えるのであるから，次期以降の期間損益計算は，収支計算と原理上，無関係ではありえない。このことは，動態論会計では，損益計算だけではなく，投下資本（現金の支出）の回収（現金の収入）計算すなわち収支計算にも目を向けているということを物語っている。

（1）動的貸借対照表の静態論的解釈－財産目録的解釈－

動的貸借対照表は継続記録を基に誘導法によって作成されるものであり，実地棚卸を基に棚卸法によって作成される静的貸借対照表とは明らかに異なる概念である。

貸借対照表の静態論的な解釈は，貸借対照表を棚卸法によって作成された財産目録とみなし，その表面に表示されている項目と現実の世界との関係に注目

第9章　財務会計の動態論的構造

してなされる。これに対して貸借対照表の動態論的解釈は，貸借対照表を動的貸借対照表とみなし，表面上の表示と現実の世界との関係については，直接考慮せずになされる。

したがって，動的貸借対照表が直接，現実の世界と結びつけられて表層的に解釈される場合には，いわば動的貸借対照表の静態論的解釈であり，財産目録的意味づけがなされることになる。この関係を図示すると**図9－2**のようになる。

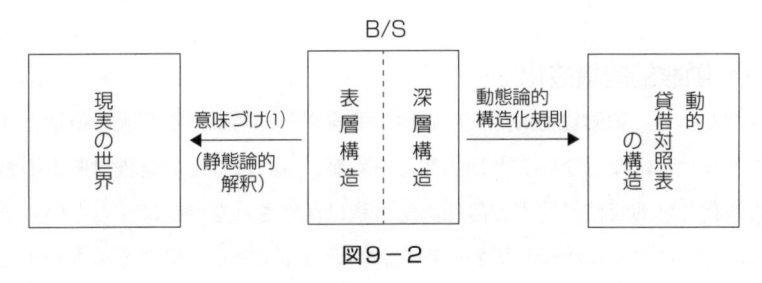

図9－2

図9－2が示すように静態論的解釈では，表面上の表示が日常用語的に解釈される。つまり，動的貸借対照表の構造化と意味づけとが深層構造と表層構造という別々の次元で論じられるのである。

（2）動的貸借対照表の動態論的解釈

これに対して動的貸借対照表を動態論的に解釈する場合には，財産目録的意味づけとは異なる別の次元で解釈する必要がある。そのためには，**図9－3**が示すように，まず貸借対照表に記載された項目を表層構造として（日常用語的に）とらえる場合と深層構造として動態論的にとらえる場合に区別し，次に貸

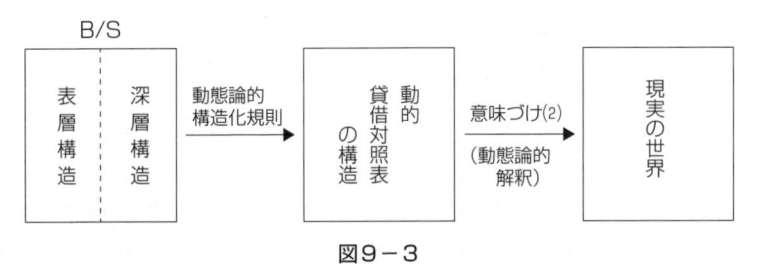

図9－3

借対照表の動態論的構造と現実の世界との結びつきを考えるという方法で意味を理解するのである。

動的貸借対照表の動態論的解釈とは，もともとこうした動態論的構造を出発点にした貸借対照表の解釈である。しかしながら，図9－2における意味づけ（1）と図9－3における意味づけ（2），および図9－3における動態論的構造化のための規則と意味づけ（2）のための規則とはこれまでのところ，明確に区別されてこなかった。

（3）動態論的構造化

少なくとも，動的貸借対照表の動態論的解釈と動的貸借対照表の構造とは区別されなければならないことは当然であるが，さらに，動的貸借対照表の動態論的解釈と動的貸借対照表の静態論的解釈は区別されなければならない。そのためには，はじめに貸借対照表の動態論的構造およびその構造を導きだすための論理を動態論的構造化規則と呼ぶことにし，この動態論的構造化規則を明らかにしておく必要がある。ここで議論の出発点として，次の定義をしておくことにする。

（定義1）
① 現　金＝企業資本の運用面
② 資本金＝企業資本の源泉面
③ 支　出＝現金のマイナス
④ 収　入＝現金のプラス
⑤ 費　用＝資本金のマイナス
⑥ 収　益＝資本金のプラス

ただし，定義1の①および②は二面性の概念の原初的形態であり，現金を借方（左側）に，資本金を貸方に記入するという約束すなわち場所的指定も含む。

動態論的構造化規則は，定義1を出発点として例えば，売上債権，棚卸資産

第9章 財務会計の動態論的構造

等が,「収益・未収入」や「支出・未費用」等という収支計算と損益計算の期間的ズレとして説明されていくときの論理の体系である。

　動態論会計は企業資本（資金）の流れであるさまざまな企業資本の循環プロセスに即して企業活動や企業の状況を描き出す会計である。そして会計システムのアウトプットである財務諸表は,企業資本の循環プロセスに即してなされる企業活動や企業の状況についての言明であると考えられる。こうした考えに基づいて,以下では,企業資本の循環プロセスと結びつけて動態論的構造を導き出していく論理の体系すなわち動態論的構造化規則を明らかにしていくことにする。

Ⅳ　企業資本循環プロセスの類型（パターン）

（1）企業資本の循環プロセスと動態論における解決および未解決

企業資本の増殖運動は図9-4に示すように4つのパターンに分けて描くこ

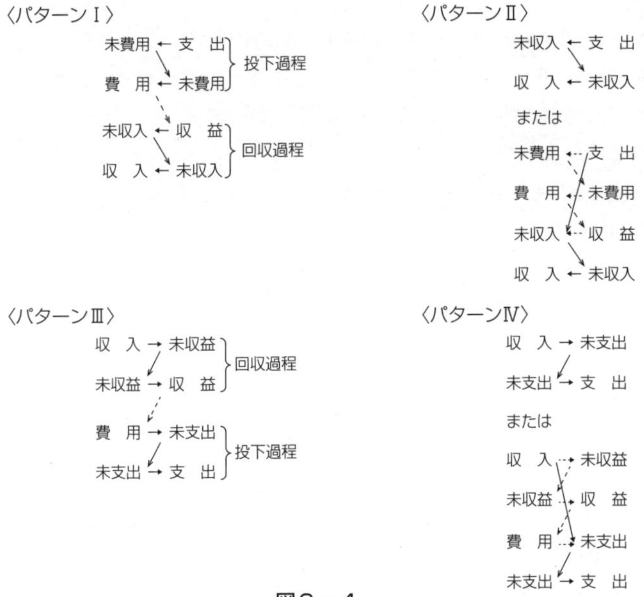

〈パターンⅠ〉
未費用 ← 支　出 ｝投下過程
費　用 ← 未費用
未収入 ← 収　益 ｝回収過程
収　入 ← 未収入

〈パターンⅡ〉
未収入 ← 支　出
収　入 ← 未収入
または
未費用 ← 支　出
費　用 ← 未費用
未収入 ← 収　益
収　入 ← 未収入

〈パターンⅢ〉
収　入 → 未収益 ｝回収過程
未収益 → 収　益
費　用 → 未支出 ｝投下過程
未支出 → 支　出

〈パターンⅣ〉
収　入 → 未支出
未支出 → 支　出
または
収　入 → 未収益
未収益 → 収　益
費　用 → 未支出
未支出 → 支　出

図9-4

とができる。

　現実には，これらの4つのパターンの企業資本の循環プロセスは，企業全体としてみると雁行的に流れていると考えられる。そのことを表すため，**図9－4**のパターンⅠからパターンⅣまでの企業資本の流れを企業全体としてまとめて図示すると，**図9－5**のようになる。

時点	Ⅰ-1	Ⅰ-2	Ⅰ-3	Ⅰ-4	Ⅱ-1	Ⅱ-2
t1	未費用←支 出	収 入←未収入	未収入←収 益	費 用←未費用	未費用←支 出	収 入←未収入
t2	費 用←未費用	未費用←支 出	収 入←未収入	未収入←収 益	費 用←未費用	未収入←支 出
t3	未収入←収 益	費 用←未費用	未費用←支 出	収 入←未収入	未収入←支 出	収 入←未収入
t4	収 入←未収入	未収入←収 益	費 用←未費用	未費用←支 出	収 入←未収入	未収入←支 出
t5	未費用←支 出	収 入←未収入	未収入←収 益	費 用←未費用	未費用←支 出	収 入←未収入
t6	費 用←未費用	未費用←支 出	収 入←未収入	未収入←収 益	費 用←未費用	未収入←支 出
t7	未収入←収 益	費 用←未費用	未費用←支 出	収 入←未収入	未収入←支 出	収 入←未収入
t8	収 入←未収入	未収入←収 益	費 用←未費用	未費用←支 出	収 入←未収入	未収入←支 出

時点	Ⅲ-1	Ⅲ-2	Ⅲ-3	Ⅲ-4	Ⅳ-1	Ⅳ-2
t1	収 入→未収益	未支出→支 出	費 用→未支出	未収益→収 益	収 入→未収益	未支出→支 出
t2	未収益→収 益	収 入→未収益	未支出→支 出	費 用→未収益	未支出→支 出	収 入→未収益
t3	費 用→未支出	未収益→収 益	収 入→未収益	未支出→支 出	収 入→未収益	未支出→支 出
t4	未支出→支 出	費 用→未支出	未収益→収 益	収 入→未収益	未支出→支 出	収 入→未収益
t5	収 入→未収益	未支出→支 出	費 用→未支出	未収益→収 益	収 入→未収益	未支出→支 出
t6	未収益→収 益	収 入→未収益	未支出→支 出	費 用→未支出	未支出→支 出	収 入→未収益
t7	費 用→未支出	未収益→収 益	収 入→未収益	未支出→支 出	未支出→支 出	収 入→未収益
t8	未支出→支 出	費 用→未支出	未収益→収 益	収 入→未収益	未支出→支 出	収 入→未支出

図9－5

　動態論における「未解決」は収支計算と損益計算の期間的なズレが生じた場合であるから，単に未費用が費用になったり，未支出が支払われたりあるいは未収益が収益になったり，未収入が入金されたりすることは動態論で考える「解決」ではないことに注意しなければならない。これらの移行は「実現」，「発生」，「収入」，「支出」という事象である。

第9章 財務会計の動態論的構造

　動態論会計における「未解決」の意味は，損益計算において「実現」,「発生」が認識されたにもかかわらず，収支計算において，収入，支出がなされていない場合，あるいは逆に，損益計算において「実現」,「発生」が未だ認められないにもかかわらず，収支計算において収入，支出が既になされている場合である。

　いま，**図9－5**の期間$t_3 - t_4$においてパターンⅠ－1では収益から収入（収益→収入），Ⅰ－2では未費用から未収入（未費用→未収入），Ⅰ－3では支出から費用（支出→費用），Ⅰ－4では未収入から未費用（未収入→未費用），Ⅱ－1では支出から収入（支出→収入），そしてⅡ－2では未収入から未収入（未収入→未収入），へと企業資本が流れていることが示されている。ここで，「解決」および「未解決」を次の定義2のように考えることにする。

（定義2）

　　期間$t_3 - t_4$において
　　① （収　益　→　収　入）は　解　決
　　② （未費用　→　未収入）は　未解決
　　③ （支　出　→　費　用）は　解　決
　　④ （未収入　→　未費用）は　未解決
　　⑤ （支　出　→　収　入）は　解　決
　　⑥ （未収入　→　未収入）は　未解決

　同様に，**図9－5**の$t_3 - t_4$において，循環プロセスのパターンⅢ－1では費用から支出（費用→支出），Ⅲ－2では未収益から未支出（未収益→未支出），Ⅲ－3では収入から収益（収入→収益），Ⅲ－4では未支出から未収益（未支出→未収益），Ⅳ－1では収入から支出（収入→支出），そしてⅣ－2では未支出から未支出（未支出→未支出）へと企業資本が流れていることが示されている。先ほどと同じく，ここでも「解決」および「未解決」を次の定義3のように考えることにする。

（定義3）

　　期間 $t_3 - t_4$ において
　　　①' （費　用　→　支　出）は　解　決
　　　②' （未収益　→　未支出）は　未解決
　　　③' （収　入　→　収　益）は　解　決
　　　④' （未支出　→　未収益）は　未解決
　　　⑤' （収　入　→　支　出）は　解　決
　　　⑥' （未支出　→　未支出）は　未解決

（2）解決の時間の幅，未解決の時間の幅

　解決とは，Aという状況からBという状況への変化を意味する。したがって，解決のためには時間の経過が必要であるから，t_4という一時点の状態をながめただけでは解決したのかどうか不明である。それ故，定義2の①，③，⑤および定義3の①'，③'，⑤'に示した解決項目は$t_3 - t_4$という時間の幅においてながめる必要がある。

　これに対して，未解決ということは，ある状態から他の状態に変化しきれないでいるということであるので，これらはt_3あるいはt_4という一時点における状態と考える必要がある。

　そこで，定義2の②，④，⑥および定義3の②'，④'，⑥'に示した未解決項目は，$t_3 - t_4$という期間ということではなく，t_3あるいはt_4という一時点における現象としてとらえる必要がある。そのことを踏まえて，定義2および定義3の「未解決」を，それぞれ次の定義4および定義5のように言い換えなければならない。

（定義4）

　　時点t_3において
　　　①　（収　益　→　未収入）は　未解決
　　　②　（支　出　→　未費用）は　未解決

③　(支　出　→　未収入)　は　未解決

および

(定義5)
　　時点t_3において
　　①'　(費　用　→　未支出)　は　未解決
　　②'　(収　入　→　未収益)　は　未解決
　　③'　(収　入　→　未支出)　は　未解決

　なお，定義4の①，②，③はそれぞれ定義2の①，③，⑤と比較すると未解決であることが明らかである。そして定義5の①'，②'，③'はそれぞれ定義3の①'，③'，⑤'と比較すると未解決であることが明らかである。

V　因果的簿記による未解決項目の表記と分類的簿記による未解決項目の表記

　ここで，以上の定義を，さらに精緻なものにするために，因果的簿記と分類的簿記の考え方を援用することにする。いま，企業資本の循環プロセスを代表させて図9-5の循環プロセスにおけるパターンⅠ-3のケースを取り上げ，時点t_3における（支出→未費用）と時点t_4における（未費用→費用）について時間的な前後関係を考えることにする。

(1) 因果的簿記
　t_4における未費用から費用への転換は，まず，未費用が先にあって，その後，費用に移行することを表している。この点についての現実の例として，建物という未費用から，減価償却費という費用への移行をあげることができる。実際，因果的簿記によれば，建物を未費用と考え，減価償却費を費用と考え，未費用

から費用（未費用→費用）への流れを建物から減価償却費への転換と考えることになる。因果的簿記の考えによればt_4におけるこの転換は，

　（借）　減価償却費(費用)　×××　　　（貸）建　　　物(未費用)　×××
　　　　（後）t_{4-2}　　　　　　　　　　　　　（先）t_{4-1}

という仕訳で表すことができる。この仕訳は借方と貸方との間に時間的な前後関係があるということを前提にしたものであり，仕訳の科目の下の（後），（先）は時間的前後関係を表している。

　それ故，因果的簿記によると，一時点t_4における状態（未費用→費用）は，t_4がt_{4-1}とt_{4-2}という二つの時点の幅をもつものと考えて，t_{4-1}における未費用という状態からt_{4-2}における費用という状態への移行を表すものとみなされる。このように因果的簿記では，建物をもって，必ずしも，収支計算と損益計算のズレを考える必要はなく，「支出・未費用」というように，支出と結びつけて表記しなければならない必然性はない。

　その結果，建物を減価償却するということは「未費用」から「費用」へというように，損益計算だけの一元的な流れとして理解しているのである。ちなみに，因果的簿記の考えによれば，仮に損益計算と収支計算の結びつけて，二元的に表すように表記すると，未払金で建物を購入したときには，少なくとも，当該建物については，＜支出・未費用＞ではなく，＜未支出・未費用＞と表記されることになろう。因果簿記では，等しく建物であっても実際の購入方法に応じてその構造の表記のしかたが異なってくるはずである。

（2）分類的簿記

　これに対して分類的簿記では，このような見かたで，時点t_3における未解決項目として建物をとらえない。時点t_3の建物自体は，t_3の時点の幅を考えずはじめから「支出・未費用」と分類するのである。同様に，減価償却費は，解決のための時間の幅を$t_3 - t_4$と考えずはじめから「支出・費用」と分類するので

ある。これは実際の購入形態にかかわりなく，企業資本の循環プロセスに即して，それぞれの段階について時間的前後関係を取り除いたパターンとして，分類的簿記ではあらかじめ認識しているということである。

そこで，企業資本の増減すなわち取引として減価償却費を計上するときの仕訳は，

(借)＜支出・費用＞　ｘｘｘ　　　(貸)＜支出・未費用＞　ｘｘｘ
　　　　$t_3 - t_4$　　　　　　　　　　　　　　　　　t_3

という収支計算と損益計算の二元的な構造の仕訳と考えることになる。

定義1により，損益計算は資本金（利益）の増減計算であり，源泉面における企業資本の増減を計算する。また，収支計算は現金の増減計算であり，運用面における企業資本の増減を計算するものである。したがって，この仕訳は企業資本の減少を二面的に認識する仕訳である。すなわち，貸方の「支出・未費用」は建物という運用面における企業資本の減少を表し，借方の「支出・費用」は減価償却費という調達面における企業資本の減少を表す。かくして，分類的簿記は取引について運用面と源泉面の二面的認識に基づく，収支計算と損益計算の二元的な記録・計算である。

分類的簿記による仕訳が因果的簿記による仕訳と決定的相違する点は，前者では「支出・費用」という場合の支出と費用との間および「支出・未費用」における支出と未費用との間にパターン認識のため時間の幅，換言すれば，時間的前後関係を認識しないことはもとより調達面と運用面もまたパターン認識のため同時に（一対として）二面的認識をするので借方と貸方の間でも時間的前後関係を認識しない点にある。

(3) 未解決項目の構造の表記

ここで，これまでの動態論会計についての考察の結果を一般的なかたちで言い直すと次のようになる。すなわち，貸借対照表の構造を示すにあたっては，

同じく，一定時点における未解決項目の構造ということであっても，因果的簿記によって構造を表す場合と分類的簿記によって構造を表す場合とでは表記方法が異なる。

因果的簿記によれば，資産は，「(費用・) 未費用」(費用に向かっているが，未だ費用化していない状態)，あるいは，「(収入・) 未収入」(収入に向かっているが，未だ収入がない状態) と表記される。負債は，「未収益 (・収益)」(収益に向かっているが，未だ収益化していない状態)，あるいは「未支出 (・支出)」(支出に向かっているが，未だ支出がない状態) と表記される。解決のための時間の幅を狭めて，例えば，未解決項目を t_4 という時点ではなく，それをさらに，t_{4-1}, t_{4-2} というように，時間的前後関係をもたせて細分した場合の t_{4-1} の状態でとらえることになる。

他方，分類的簿記によれば，未解決項目である資産は，t_3 という時点で時間的前後関係のないパターンとして「支出・未費用」,「収益・未収入」,「支出・未収入」と表され，負債は「費用・未支出」,「収入・未収益」,「収入・未支出」と表されることになる。

以上によって，因果的簿記の場合および分類的簿記の場合の未解決項目である資産および負債の構造についてのそれぞれの表記をまとめたものが次の定義6および定義7である。

(定義6)

<因果的簿記の場合>

資産の一元的構造 (t_{4-1} における状態)
① 「未費用」または「(費用・) 未費用」
② 「未収入」または「(収入・) 未収入」
③ 「未収入」または「(収入・) 未収入」

負債の一元的構造 (t_{4-1} における状態)
④ 「未収益」または「未収益 (・収益)」

⑤ 「未支出」または「未支出（・支出）」

⑥ 「未支出」または「未支出（・支出）」

（定義7）

<分類的簿記の場合>

資産の二元的構造（t_3における状態）

①' 「支出・未費用」

②' 「収益・未収入」

③' 「支出・未収入」

負債の二元的構造（t_3における状態）

④' 「収入・未収益」

⑤' 「費用・未支出」

⑥' 「収入・未支出」

「未解決」についての定義4，定義5によりよく適合するのは，分類的簿記による資産，負債の表記すなわち定義7であることは明らかである。

以上のように，因果的簿記では，例えば，前述のように**図9-5**のⅠ-3の場合に，t_4をt_{4-1}（未費用）とt_{4-2}（費用）というように前後関係を認識したり，Ⅰ-1のようにt_{4-1}を未収入とし，t_{4-2}を収入としたように未解決項目の状態を分類的簿記に比べて，さらに，解決に要する時点の幅を狭めて考えるのである。

逆に時点の幅を広げることによって解決項目の表記も因果的簿記の場合と分類的簿記の場合とに分けて考えることができる。いま，時間の幅を広げてt_3-t_4をTという一時点と考えるとすると，定義2および定義3の解決項目，すなわち（収益→収入），（支出→費用），（支出→収入），（費用→支出），（収入→収益），（収入→支出）は因果的簿記によると「収益（・収入）」，「支出（・費用）」，「支出（・収入）」，「費用（・支出）」，「収入（・収益）」および「収入（・支

出)」と表記することができる。

また，分類的簿記によれば，それぞれ，「収益・収入」，「支出・費用」，「支出・収入」，「費用・支出」，「収入・収益」および「収入・支出」とパターン化して表記できる。以上をまとめると，次のとおりである。

（定義8）
　　＜因果的簿記の場合＞
　　解決項目の一元的構造（T(t_3-t_4)における状態）
　　　① 「収益（・収入）」
　　　② 「支出（・費用）」
　　　③ 「支出（・収入）」
　　　④ 「費用（・支出）」
　　　⑤ 「収入（・収益）」
　　　⑥ 「収入（・支出）」

（定義9）
　　＜分類的簿記の場合＞
　　解決項目の二元的構造（T(t_3-t_4)における状態）
　　　①' 「収益・収入」
　　　②' 「支出・費用」
　　　③' 「支出・収入」
　　　④' 「費用・支出」
　　　⑤' 「収入・収益」
　　　⑥' 「収入・支出」

　定義8の①，②，③は定義2の①，③，⑤に適合し④，⑤，⑥は定義3の①'，3'，⑤に適合する。
　定義9の①'，②'，③'は定義2の①，③，⑤に適合する。

つまり $t_3 - t_4$ を一時点とすれば，因果的簿記においても，分類的簿記においても解決項目の表記は同じ結果になる。

「未解決」のときと同じく「解決」についての定義2，定義3によりよく適合するのは分類的簿記による定義9であることは明らかである。

以上によって，因果的簿記は解決のための時間の幅を狭めて企業資本の「増」と「減」を運用面または源泉面だけで一面的に認識し，一元的に計算する簿記であり，単式簿記と結びつく概念であるということが理解される。これに対して分類的簿記は，パターンの認識により解決のための時間の幅を考慮せず運用面と源泉面の二面的認識に基づいて，収支計算と損益計算を同時に二元的に計算する簿記であり，運用面の増減と源泉面の増減を同時に（一対として）認識する複式簿記と結びつく概念であるということが理解される。

動態論会計が収支計算と損益計算の期間的なズレに注目していることは，期間損益計算を重視しているからにほかならない。期間損益計算は，当然，発生主義会計によって適正に行うことができる。それ故，動態論は財務会計を現金主義会計から，発生主義会計に移行させ，さらに二面的認識構造および二元的計算構造に移行させたといえるのである。

発生主義といえども，もともと現金主義会計の進化の流れの中で台頭してきた会計であるところから，収支計算と関係なく費用の「発生」や収益の「実現」を考えることはできない。発生主義会計によって認識された収益または費用は，収入または支出とかかわらされることなく測定されることはできないのである。収益は収入（将来の収入も含む）のうち，実現したと認められる価値の増加に相当する金額によって測定され，また，費用は支出（将来の支出も含む）のうち，費消されたと認められる財貨または用役に相当する金額によって測定されることになる。

このように，収入または支出に基づいて収益または費用を認識するということから，財務会計において作成される財務諸表は原則として収支計算と損益計算の二元的計算を一体として作成されているといえるのである。

第10章　動態論における勘定記入

I　勘定形式による企業資本の増減計算

(1) 損益項目と収支項目のマイナス表記

　第9章においては，企業資本の循環プロセスに即して未解決項目，解決項目の動態論的構造化規則を考察した。そこで，次に，動態論的構造の次元で企業資本の増減についての勘定形式による記録・計算方法を明らかにしておく必要があろう。すなわち，動態論的構造の次元での収益，費用のマイナスあるいは収入，支出のマイナスについての勘定における表記方法には，二つの方法があり，解決項目も結局，収益，費用，収入，支出の4項目によって表記されることになるので，これらの勘定記入の方法を検討してみようということである。

(i) 費用のマイナス表記

　はじめに，費用のマイナスについての勘定記入の方法から考えていくことにする。第9章の定義1によって借方は費用のプラスを貸方はマイナスを表す。したがって，**図10-1**で示すA$_1$勘定のように，費用のマイナスをそのまま費用勘定の貸方に記入するという方法が費用のマイナスについての勘定記入の一つの方法として考えられる。それとは別に**図10-2**に示すA$_2$勘定のように借方の費用を既費用分と未費用分というように分けるという勘定記入の方法もありうる。

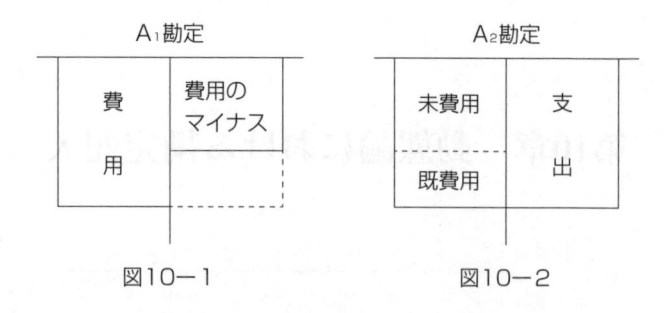

```
        A₁勘定                    A₂勘定
  ┌─────┬─────┐           ┌─────┬─────┐
  │     │費用の│           │未費用│     │
  │ 費  │マイナス│         ├─────┤ 支  │
  │ 用  ├─────┤           │既費用│ 出  │
  │     │     │           │     │     │
  └─────┴─────┘           └─────┴─────┘
      図10-1                   図10-2
```

　図10-1のA₁勘定は費用の増減計算を一面的に行う場合を示すものであり，少なくとも，そこでは収支の計算は考慮されてない。図10-2のA₂勘定は支出したもののうち，未費用分と既費用分とは，それぞれどれほどかという支出の内訳を表示するというかたちを借りて，費用のマイナスを示すものである。それ故，A₂勘定は損益計算と収支計算の二元性を示すものと考えることができる。以下，費用以外の収益，収入，支出についても二つのマイナスの方法を対比させることにする。

(ii)　収益のマイナス表記

　収益のマイナス表示にも二つの方法がある。一つは，図10-3のB₁勘定のように貸方の収益のマイナス分を借方に記入する方法であり，他の一つは，図10-4のB₂勘定のように借方の収入を既収益分と未収益分に区別するという方法である。これは収入の内訳を表示する方法でもある。

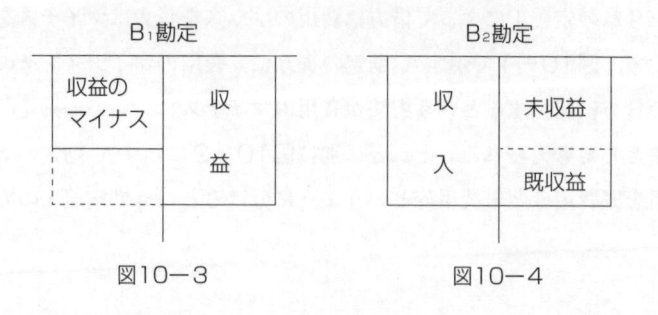

```
        B₁勘定                    B₂勘定
  ┌─────┬─────┐           ┌─────┬─────┐
  │収益の│     │           │     │未収益│
  │マイナス│ 収  │         │ 収  ├─────┤
  ├─────┤ 益  │           │ 入  │既収益│
  │     │     │           │     │     │
  └─────┴─────┘           └─────┴─────┘
      図10-3                   図10-4
```

(iii) 収入のマイナス表記

さらに，収入のマイナスの表示方法についても，二とおりの方法を考えることができる。一つは**図10−5**のC$_1$勘定が示すように借方の収入のマイナス分を貸方に記入する方法であり，他の一つは**図10−6**のC$_2$勘定のように収益を既収入分と未収入分とに区分する方法である。これもまた，収益の内訳を表示する方法であるといえる。

```
      C₁勘定                C₂勘定
 ┌─────┬─────┐      ┌─────┬─────┐
 │     │収入の│      │未収入│     │
 │ 収  │マイナス│      ├─────┤ 収  │
 │ 入  ├─────┤      │     │ 益  │
 │     │     │      │既収入│     │
 └─────┴─────┘      └─────┴─────┘
    図10−5              図10−6
```

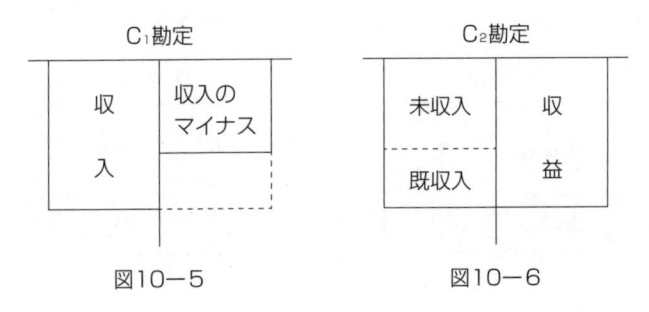

(iv) 支出のマイナス表記

支出のマイナス分についても，次の二とおりの方法を区別することができる。すなわち，**図10−7**のD$_1$勘定のように支出のマイナスを借方に記入する方法と**図10−8**のD$_2$勘定のように費用を既支出分と未支出分に区分する方法である。**図10−8**は，費用の内訳を表していると考えることもできる。

```
      D₁勘定                D₂勘定
 ┌─────┬─────┐      ┌─────┬─────┐
 │支出の│     │      │     │未支出│
 │マイナス│ 支  │      │ 費  ├─────┤
 ├─────┤ 出  │      │ 用  │     │
 │     │     │      │     │既支出│
 └─────┴─────┘      └─────┴─────┘
    図10−7              図10−8
```

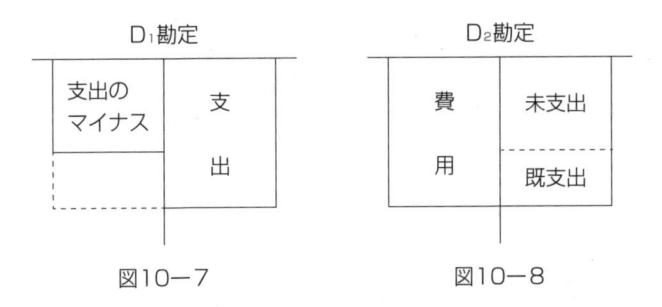

(v) 収入・支出のマイナス表記の特殊例

C_2勘定については，次の**図10－9**のC'_2勘定が示すように貸方が（収益ではなく）支出である場合もありうる。また，D_2勘定については，**図10－10**が示すD'_2勘定のような借方が（費用ではなく）収入となるケースもありうる。これらの場合，一見すると，一元的な収支計算を行っているように見えるが，実は，これも二元的な計算の省略型なのである。この点については，第9章の**図9－4**で示したパターンⅡおよびパターンⅣを参照されたい。

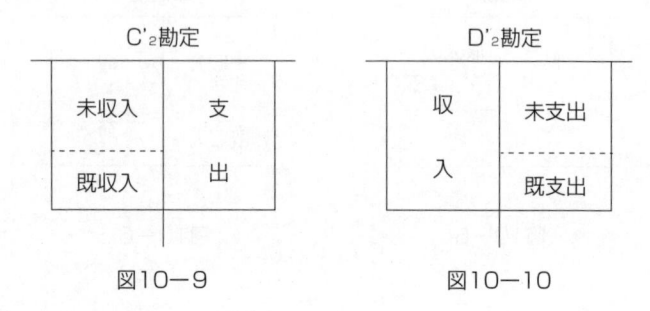

C'_2勘定

未収入	支
既収入	出

図10－9

D'_2勘定

収	未支出
入	既支出

図10－10

(vi) いわゆる裏勘定による表記

ところで，**図10－1**のA_1勘定は企業資本の循環プロセスに即して考えるときには次の$\bar{A}_1$勘定のように書き改めると便利である。

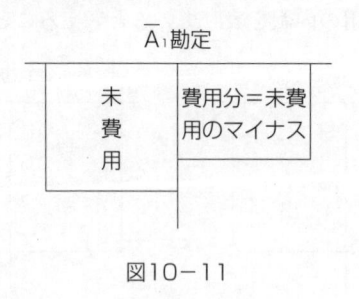

$\bar{A}_1$勘定

未費用	費用分＝未費用のマイナス

図10－11

つまり，**図10－1**は費用から未費用をマイナスするという形式であったが，**図10－11**は，逆に未費用から費用分をマイナスするという形式である。A_1勘定と$\bar{A}_1$勘定は表裏の関係にある。A_1勘定は費用を中心にして，未費用分を

142

次期に繰り越すという考え方に適合する表示方法であるが，$\bar{A}_1$勘定は未費用から費用に転換するということに注目し，未費用を中心にして，費用化したものをそこからマイナスするという考え方によく適合するのである。

例えば，消耗品を購入したときに，全額，消耗品費として計上し，期末に未使用分を消耗品として次期に繰り延べる処理をしているときの消耗品費勘定はA_1勘定に当たる。いったん消耗品を計上し，期末までに消費したものを消耗品勘定から消耗品費勘定へ振替えるときの消耗品勘定は$\bar{A}_1$勘定として理解できる。

同じように，B_1勘定についてもその「裏」勘定として$\bar{B}_1$勘定（**図10−12**）を，C_1勘定についてもその「裏」勘定として$\bar{C}_1$勘定（**図10−13**）を，D_1勘定についてもその「裏」勘定として$\bar{D}_1$勘定（**図10−14**）を考えると企業資本の循環プロセスに即した勘定記入を理解するときに便利である。

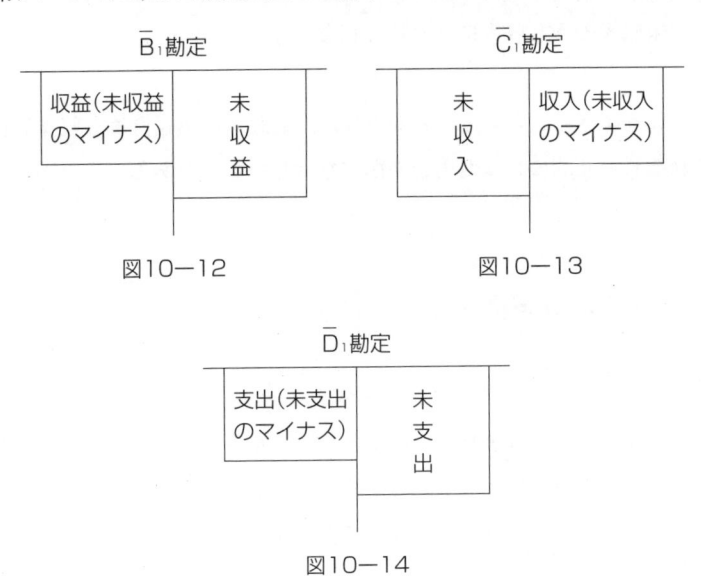

$\bar{B}_1$勘定

| 収益（未収益のマイナス） | 未収益 |

図10−12

$\bar{C}_1$勘定

| 未収入 | 収入（未収入のマイナス） |

図10−13

$\bar{D}_1$勘定

| 支出（未支出のマイナス） | 未支出 |

図10−14

Ⅱ　因果的簿記における勘定記入

　ただし，順序を考慮に入れると，A_1勘定と$\bar{A}_1$勘定とではかなり異なった性格のものとなる。すなわち，A_1勘定の貸方（例えば，消耗品への振替分）はまさに当期に帰属する費用を決定するための修正（戻し計算）である。これに対して$\bar{A}_1$勘定の貸方（例えば，消耗品費への振替分）は未費用から費用への変換を表す。これらの順序を前述の企業資本循環過程にあてはめてみると，$\bar{A}_1$勘定の方がよりよく適合するといえる。そこで，$\bar{A}_1$勘定，$\bar{C}_1$勘定にもとづいて，ここで再び未解決項目である資産を示すと，

　① 未費用のうち費用に振り替られない分
　② 未収入のうち収入に振り替られない分

であるというようにとらえることができる。これらは損益計算，収支計算についてそれぞれ一元的に行った場合の勘定を示したものである。この①，②はそれぞれ，

　①' 「未費用（・費用）」
　②' 「未収入（・収入）」

と表記できる。これらは第9章のは定義6に還元される。したがって，因果的簿記にもとづく資産の表記は一元的な勘定記入と結びつけられるのである。
　同様に，負債については，$\bar{B}_1$勘定および$\bar{D}_1$勘定にもとづいて，

　③ 未収益から収益に振り替られない分
　④ 未支出から支出に振り替られない分

であるというようにとらえることができる。この③，④はそれぞれ，

　　③'「未収益（・収益）」
　　④'「未支出（・支出）」

と表記できる。これらも第9章の定義6に還元される。したがって，因果的簿記にもとづく負債のとらえ方は一元的な勘定記入と結びつけて確かめられたわけである。つまり，収益，費用あるいは収入，支出のマイナスの勘定記入を通じてA_1勘定等はまさに因果的簿記の考え方によく適合することが理解されたわけである。

（3）分類的簿記における勘定記入

　分類的簿記による記録・計算方法は，内訳形式によるマイナス表示という方法と結びつく（図10−2，図10−4，図10−6，図10−8および図10−9，図10−10）。A_2勘定，C_2勘定，C'_2勘定にもとづいて未解決項目を示すと，資産は，

　　⑤　支出した分のうち未費用分　　　（図10−2）
　　⑥　収益を認識した分のうち未収入分　（図10−6）
　　⑦　支出した分のうち未収入分　　　（図10−9）

であるというようにとらえることができる。これらは収支計算と損益計算の二元的な記録・計算を行った場合の勘定の構造を示したものである。この⑤，⑥，⑦はそれぞれ，

　　⑤'「支出・未費用」
　　⑥'「収益・未収入」
　　⑦'「支出・未収入」

と表記できる。これは，第9章の定義7に還元できる。したがって，分類的簿記による資産のとらえ方を勘定記入と結びつけながら理解できるのである。いうまでもなく，⑤'は**図9-5**のt_4におけるⅠ-4，⑥'はⅠ-2，⑦'はⅡ-2の状態であるといえる。

　反対に，負債についてもB$_2$勘定，D$_2$勘定，D'$_2$勘定にもとづいて，

　　⑧　収入があった分のうち未収益分　　（図10-4）
　　⑨　費用を認識した分のうち未支出分　（図10-8）
　　⑩　収入があった分のうち未支出分　　（図10-10）

というようにとらえることができる。この⑧，⑨，⑩はそれぞれ，

　　⑧'　「収入・未収益」
　　⑨'　「費用・未支出」
　　⑩'　「収入・未支出」

と表記できる。これも，定義7に還元できる。したがって，分類的簿記による負債の表記が勘定記入と結びつけて理解できたことになる。⑧'は第9章の**図9-5**のt_4におけるⅢ-4の状態であり，⑨'はⅢ-2，⑩'はⅣ-2の状態であることも繰り返すまでもないであろう。

　なお，次の**図10-15，図10-16**が示すようなE勘定やF勘定のように，「費用・未収益」や「収益・未費用」というものが，何故，存在しないと考え

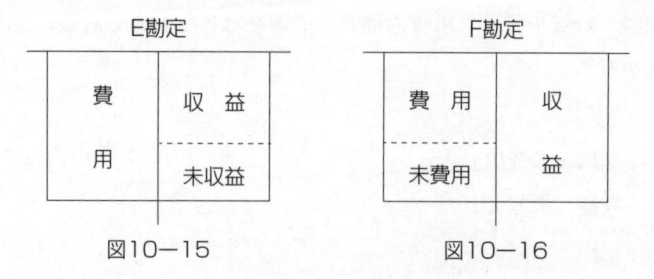

E勘定	
費用	収益
	未収益

図10-15

F勘定	
費用	収益
未費用	

図10-16

146

られるのかということが一応疑問として生じよう。

　単純に形式的に組み合わせを考えれば，E勘定やF勘定のようなものもありうるはずである。ところが，実際に会計においては，こうした考えは成り立たない。それはいったいどういう理由によるのであろうか。

　この点に関しては企業資本循環のプロセスを前述の図9－4のように考えると，（費用→収益），あるいは（収益→費用）というのは，前者が投下過程から回収過程への移行であり，後者が回収過程から次期以降の投下過程への移行である。両者はいずれも収益を認識しそれに対応する費用を認識して当期の利益を認識する段階での移行であると理解される。したがって，利益（損失）は費用と収益，収益と費用の差額であり，費用のうち未収益分，あるいは収益のうち未費用分というように内訳を示す関係にはもともとない。また第9章において触れた自家消費目的の製品および自家修繕引当金の未実現収益の排除という観点からも現行の会計制度においては，E勘定，F勘定は収益および費用の集合勘定である損益勘定を除いて存在しないのである。

　さて，冗長さはあっても，費用，収益，支出，収入についてのとらえ方を一元的なとらえ方と二元的なとらえ方に分けて，それぞれの勘定記入の方法を一つ一つ確認してきたのは，単に，因果的簿記および分類的簿記による表記を確かめるだけの目的ではない。実は，それぞれの勘定記入から，とりわけ分類的簿記にもとづく表記法から損益計算と収支計算の二つを分離させることができるのである。すなわち，動態論会計における二元的計算を相互に分離させて考えることができるのである。

Ⅲ　四つの補助元帳

　これまでの考察から，動態論は二面的認識を核とする複式簿記を前提にして二元的計算をする分類的簿記の考え方によく適合し，そこで行われる記録・計算は「未解決」の表記についての定義がよりよく当てはまることが理解された。したがって，すべての貸借対照表項目および損益計算書項目はその動態論的

構造を通じて，それぞれ資本の増減項目および現金の増減項目という二つの次元に分けることができるのである。

分類的簿記では，貸借対照表項目や損益計算書項目は，それぞれ，収支計算上，どの位置（収入・未収入・支出・未支出）にある項目であるか，そして，損益計算上，どの位置（収益・未収益・費用・未費用）にあるかということをもとにして，その構造が表記される。

例えば，建物は，「支出・未費用」という位置にあり，減価償却費は「支出・費用」という位置にあると表記される。このときの「未費用」は，未だ費用化されていないものであり，将来の資本金の減少項目である。そして，未支出や未収入は未だ支出や収入がないものということを意味している。つまり，将来の現金の増減項目である。

同様にして，すべての企業資本およびその増減は次の図10-17が示すように四つの事象に分けられることになる。

	損益計算	収支計算
過去	I	III
未来	II	IV

図10-17

図10-17に示される動態論的構造の分類に基づいて，次のように四つの補助元帳（独自平均元帳）を観念的に作成することができる。

① 過去資本元帳（図10-17の事象I）
② 未来資本元帳（図10-17の事象II）
③ 過去現金元帳（図10-17の事象III）
④ 未来現金元帳（図10-17の事象IV）

例えば，一般元帳の「建物」の動態論的構造勘定100万円（取得原価120万円）および「減価償却費」の動態論的構造勘定20万円は次の図10-18のような

第10章　動態論における勘定記入

企業資本の動態論的構造を表す勘定（Ⅰ節の図10−2のA₂勘定にあたる）から導かれたものである（数字は仮定のもの）。

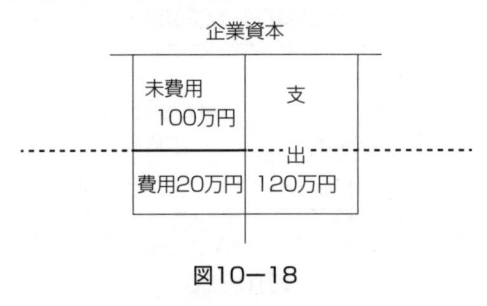

企業資本

未費用 100万円	支
費用20万円	出 120万円

図10−18

さらに，その動態論的構造勘定が，分離されて各補助元帳に記入される過程は，図10−19が示すとおりである。まず，「建物」の一般元帳上の動態論的構造勘定100万円（図10−18の点線より上の部分）は借方が未来資本元帳における「建物」勘定（借方）と「未来資本」勘定（貸方）に転記され，一般元帳上の動態論的構造勘定の貸方は過去現金元帳における「建物」勘定（貸方）と「過去現金」勘定（借方）に転記される。

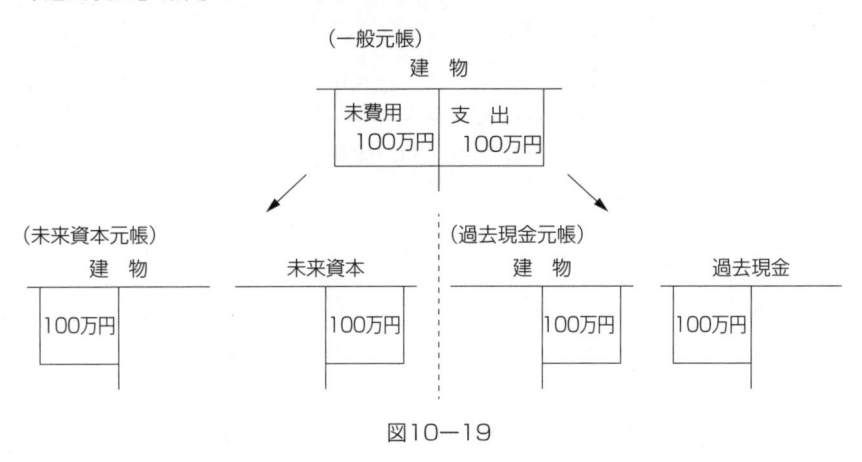

（一般元帳）
建　物

| 未費用 100万円 | 支　出 100万円 |

（未来資本元帳）
建　物　　　　未来資本
100万円　　　　100万円

（過去現金元帳）
建　物　　　　過去現金
100万円　　　　100万円

図10−19

同様にして，一般元帳上の「減価償却費」の動態論的構造勘定20万円（図10−18の点線より下の部分）の方も次のように各補助元帳に記入されることになる。その過程を示すと図10−20のようになる。

149

```
                    （一般元帳）
                    減価償却費
              ┌─────────┬─────────┐
              │ 費用20万円 │ 支出20万円 │
              └─────────┴─────────┘
              ↙                    ↘
（過去資本元帳）                （過去現金元帳）
  減価償却費    過去資本         減価償却費    過去現金
 ┌──────┐  ┌──────┐      ┌──────┐  ┌──────┐
 │ 20万円│  │ 20万円│      │ 20万円│  │ 20万円│
```

図10−20

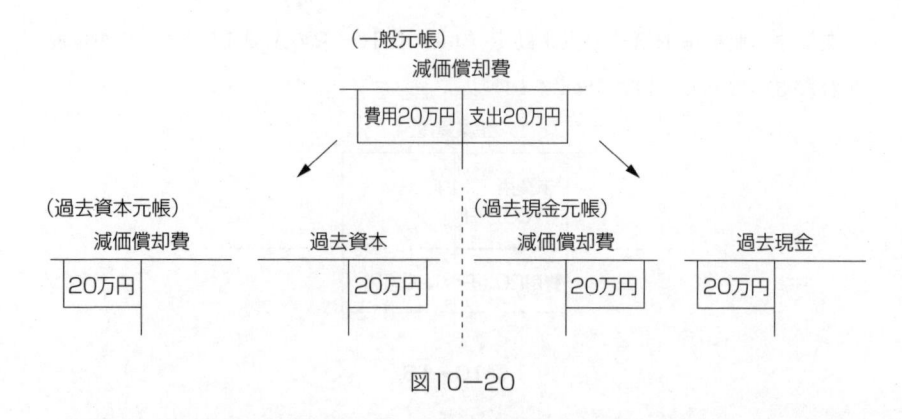

　ここで，もう一つの説例として，50万円の借入金のうち，10万円を返済したという場合の記入例をあげておくことにしよう。一般元帳上の借入金の動態論的構造勘定40万円および「借入金返済」の動態論的構造勘定10万円は，図10−21のような企業資本勘定（I節の図10−10のD'$_2$勘定にあたる）から導かれる（数字は仮定のもの）。

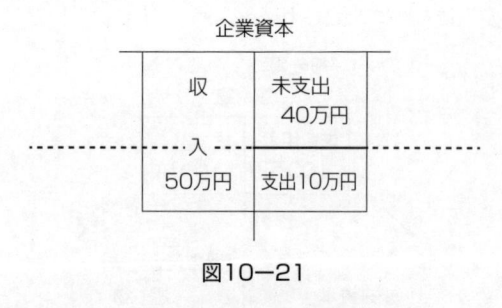

```
              企業資本
        ┌──────┬──────┐
        │  収  │ 未支出│
        │      │ 40万円│
        │──入──┼──────┤
        │ 50万円│支出10万円│
        └──────┴──────┘
```

図10−21

　一般元帳における「借入金」の動態論的構造勘定40万円（図10−21の点線より上の部分）は図10−22が示すように借方は過去現金元帳に，貸方は未来現金元帳に転記される。

　同様にして「借入金返済」の動態論的構造勘定10万円（図10−21の点線より下の部分）も図10−23のように各補助元帳に記入されることになる。

　「借入金返済」勘定は，解決項目であるが損益計算とかかわりのない中性項目である。現行の会計制度上は，このような中性項目の増減については貸借対

第10章　動態論における勘定記入

照表および損益計算書上に表れることはなく財政状態変動表のようなキャッシュフロー計算書において公表されることになる。もっとも，試算表の段階ですべての項目を構造化すれば，こうした中性項目の解決，未解決も，それ以外の項目と同等に取り扱うことができる。このようにして，すべての項目について一般元帳上の動態論的構造勘定から，四つの補助元帳（独自平均元帳）に転記することが可能となるのである。

なお，各補助元帳は独自平均元帳を想定している。したがって，未来資本元帳の「未来資本」勘定はこの補助元帳全体の平均を保つために設けられた技術的な勘定である。過去資本元帳の「過去資本」勘定，未来現金元帳の「未来現金」勘定，そして過去現金元帳の「過去現金」勘定も同様である。

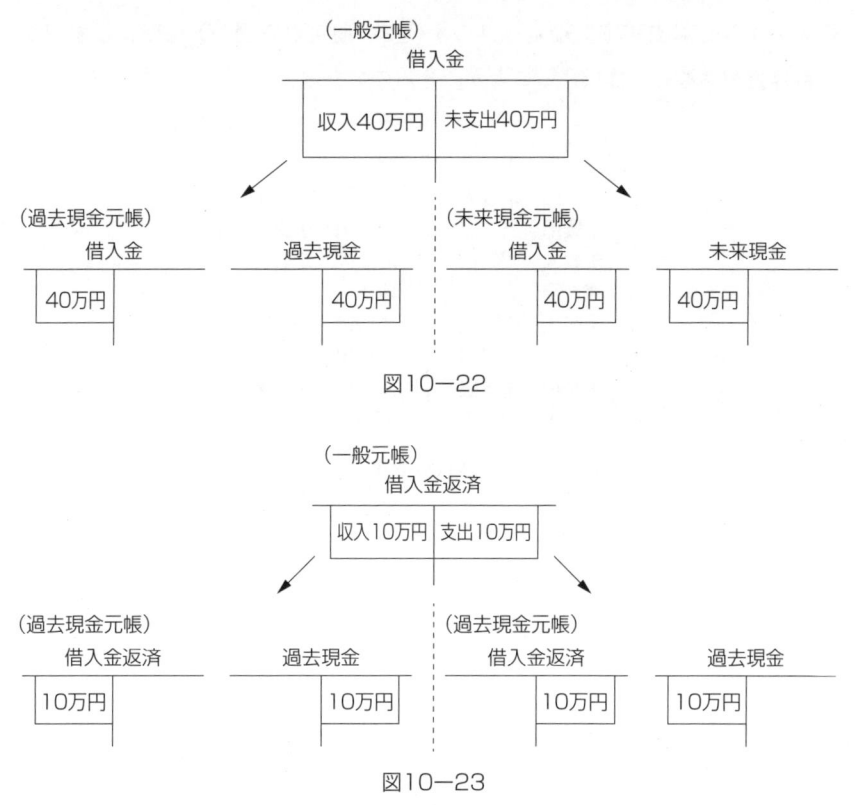

（一般元帳）
借入金
収入40万円 ｜ 未支出40万円

（過去現金元帳）
借入金　40万円
過去現金　40万円

（未来現金元帳）
借入金　40万円
未来現金　40万円

図10－22

（一般元帳）
借入金返済
収入10万円 ｜ 支出10万円

（過去現金元帳）
借入金返済　10万円
過去現金　10万円

（過去現金元帳）
借入金返済　10万円
過去現金　10万円

図10－23

さて，これら四つの補助元帳から誘導して，四つの計算書を作成することができる。すなわち，過去の損益計算書と未来の損益計算書と過去の収支計算書と未来の収支計算書である。

　すなわち試算表の動態論的構造を分類的簿記にもとづく表記によって作成すると，**図10-24**のようにまとめることができる。ここから建物（図10-19），減価償却費（図10-20），借入金（図10-22），借入金返済（図10-23）を抜きだして，四つの補助元帳に分けて転記し直すと**図10-25**のようになる。ここでは省略しているが同様に，試算表のすべての項目（a～p）を四つの補助元帳に転記し直すことができる。そのようにして転記し直された四つの補助元帳の独自平均のための技術的な勘定である「過去現金」勘定，「未来現金」勘定および「過去資本」勘定以外のすべての勘定から**図10-26**に示す四つの計算書を誘導して作成することができるのである。

試　算　表

	支　払　手　段	資　本　金	
a	支　出・未収入	収　入・未支出	i
b	未費用・支　出	費　用・未支出	j
c	未収入・収　益	収　入・未収益	k
d	費　用・支　出	収　入・収　益	l
e	未収入・未収益	未収益・未収入	m
f	未収入・未支出	未支出・未収入	n
g	未費用・未支出	未支出・未費用	o
h	支　出・収　入	収　入・支　出	p

図10-24

第10章　動態論における勘定記入

(i) 建物（b）の四つの補助元帳への転記

〈未来資本元帳〉

建　物			未来資本勘定	
b				b

〈過去現金元帳〉

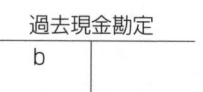

建　物			過去現金勘定	
	b		b	

(ii) 減価償却費（d）の四つの補助元帳への転記

〈過去資本元帳〉

減価償却費			過去資本勘定	
d				d

〈過去現金元帳〉

減価償却費			過去現金勘定	
	d		d	

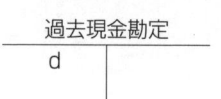

(iii) 借入金（i）の四つの補助元帳への転記

〈過去現金元帳〉

借　入　金			過去現金勘定	
i				i

〈未来現金元帳〉

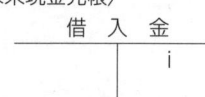

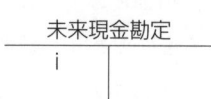

借　入　金			未来現金勘定	
	i		i	

(iv) 借入金返済（p）の四つの補助元帳への転記

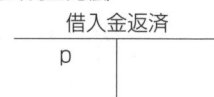

〈過去現金元帳〉

借入金返済			過去現金勘定	
p				p

〈過去現金元帳〉

借入金返済			過去現金勘定	
	p		p	

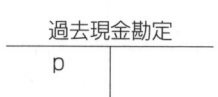

図10-25

〈収支計算書〉

収支計算書（過去）

（収入）	（支出）
i	a
j	b
k	d
p	p

収支計算書（未来）

（収入）	（支出）
a	f
c	g
e	h
f	i
l	m
m	n

〈損益計算書〉

損益計算書（過去）

（費用）	（収益）
d	c
i	k

損益計算書（未来）

（費用）	（収益）
b	e
g	j
n	l

図10-26

　図10-24における「収入・収益」と「未収入・収益」は，前節でみてきたように，動態論的構造の分類的簿記による勘定記入（勘定表記）ではC_2勘定を構成するものであり，貸借が一致する。収入は現金の増加だから借方，支出は現金の減少だから貸方ということになる。また，「収入・収益」と「収入・未収益」も，前節でみてきたように，分類的簿記による勘定記入では，B_2勘定を構成するものであり，貸借が一致する。収益は資本金の増加だから貸方，費用は資本金の減少だから借方に記入される。図10-24におけるその他の項目もすべて前節でみてきた分類的簿記による勘定記入では貸借が一致する。

　なお，「未収入・未収益」と「未収益・未収入」，「未収入・未支出」と「未支出・未収入」，「未費用・未支出」と「未支出・未費用」はそれぞれ対照勘定である。その多くはオフバランス項目である。これらの対照勘定はいずれも，未来損益計算書あるいは未来収支計算書に転記される。しかし，オフバランス項目を現金同等物の拡大解釈または実現概念の拡大解釈により，オンバランス化すると，

第10章　動態論における勘定記入

① 「未収入・未収益」は「未収入・収益」
② 「未収入・未支出」は「未収入・支出」
③ 「未費用・未支出」は「未費用・支出」
④ 「未収益・未収入」は「未収益・収入」
⑤ 「未支出・未収入」は「未支出・収入」
⑥ 「未支出・未費用」は「未支出・費用」

となる。①および⑥は未来損益計算書から過去損益計算書へのシフトであり，同様に，②，③，④，⑤は未来収支計算書から過去収支計算書へのシフトである。

Ⅳ　キャッシュフロー計算書と動態論的構造から誘導した収支計算書との相違

　前節において導き出した過去収支計算書がそのままキャッシュフロー計算書になるわけではない。キャッシュフロー計算書は過去の計算ではなく，あくまで当期のキャッシュフローの増減である。これに対して過去損益計算書および過去収支計算書はいずれも当期の試算表の数値によって作成されるものであるが，未来損益計算書および未来収支計算書と区別したものであり，当期の実績を表す計算書となるものではない。つまり，既収入および既支出を未収入および未支出と区別しただけであって，過年度の収支と当期の収支，そして過年度の損益と当期の損益とを区別したわけではない。当期の収支も過年度の収支もともに過去の収支であり，当期の損益も過年度の損益もともに過去の損益である。したがって過去収支計算書および過去損益計算書上の項目はいずれも，当期だけでなく，当期以前の金額が含まれているのである。

155

(1) 資産＝現金と考える立場

　ところで，第4章において見てきたように資産と負債の間にあるプラスとマイナスの関係を説明するための，最も原初的と思われる主張は勘定のルール（第一のルール）だけではなく，貸借対照表においてプラス・マイナスとして表しているものが何であるか（どういう計算対象であるか），すなわち貸借対照表が何についての増減を計算する勘定なのかという考え（第二のルール）を出発点にしたものであった。この場合，貸借対照表が計算の対象とするものは元手を用意して営業をはじめたというときの開始仕訳から資産を現金とし，資産の増加（プラス）はすなわち現金の増加（プラス）と考え，負債を資産のマイナスと考え，したがって負債を現金のマイナスと想定するものである。つまり企業資本を現金の固まりと考え，そのうえで，資産は現金の増加，負債は現金の減少と考えるということである。

　しかしながら，現金をその他の資産と区別するとき，元手である現金の運用された状態が現金以外の資産である。したがって，現金以外の資産が増加すれば，現金が減少するという関係にある。反対に現金以外の資産の減少は現金の増加である。資産を現金とする考えではこうした関係についての説明が十分になされているとはいえないのである。

(2) キャッシュフローについての動態論的説明

　そこで，資産と負債が貸借対照表上，貸借反対側に記入される理由を，キャッシュフローと結びつける別の主張が見られる。すなわち，資産は最終的には将来のキャッシュインフローをもたらし，負債は将来のキャッシュアウトフローをもたらすとする考えがある。

　すでにみてきたように，動態論の観点から資産および負債を構造化してみると，必ずしも資産をキャッシュインフローとして完全に統一することはできない，同様に，負債もキャッシュアウトフローとして統一できないのである。

　いま，第9章に示した貸借対照表の動態論的構造（図9-13）を構成する各要素について収支計算を中心にした表現に言い直せば，次のようになろう。

資産側
　　　　現　　　金：現在の現金
　　　　支出・未費用：過去の支出
　　　　支出・未収入：過去の支出・将来の収入
　　　　収益・未収入：将来の収入

資本・負債側
　　　　資　本　金：元　　手
　　　　収入・未収益：過去の収入
　　　　収入・未支出：過去の収入・将来の支出
　　　　費用・未支出：将来の支出

　貸借対照表上の資産および負債をこのように収支計算に焦点を当て，言い直してみると，資産側には「支出・未費用」および「支出・未収入」という過去の支出が含まれ，負債側にも「収入・未収益」および「収入・未支出」という過去の収入が含まれることになる。したがって，貸借対照表上の資産を単純に将来のキャッシュインフロー，負債を将来のキャッシュアウトフローと結びつけて統一的に説明することはできないことがわかる。

　貸借対照表項目の動態論的構造について収支計算書に注目すれば，資産の増加は，過去収支計算において支出の増加である。すなわち，「支出・未費用」の増加は「支出」の増加であり，「支出・未収入」の増加も「支出」の増加である。そして資産の増加は未来収支計算における収入の増加である。すなわち「支出・未収入」の増加は「未収入」の増加であり，「収益・未収入」の増加は「未収入」の増加である。

　このことから，過去の実績を表す過去収支計算書を作成する場合，資産の増加は支出すなわちキャッシュアウトフローと考えることが理解される。資産の増加は同時に「未収入」の増加を意味することから，未来収支計算書を作成する場合には，資産の増加は収入すなわちキャッシュインフローと理解すること

もできるのである。

　反対に，負債の増加は，過去収支計算書を作成するときは収入の増加である。すなわち，「収入・未収益」の増加は「収入」の増加であり，「収入，未支出」の増加は「収入」の増加である。そして未来収支計算書を作成するときには，負債の増加は未支出の増加である。すなわち，「収入・未支出」の増加は「未支出」の増加であり，「費用・未支出」の増加は「未支出」の増加である。

　資産のときは逆に，過去の実績を表す過去収支計算書を作成する場合，負債の増加は収入すなわちキャッシュインフローと理解される。そして未来収支計算書を作成する場合，負債の増加は「未支出」の増加を意味するので，支出すなわちキャッシュアウトフローであるということができる。

（3）キャッシュフロー計算書における「キャッシュインフロー」と収支計算書における「収入」の相違

(i) 現金とキャッシュフロー

　企業資本の循環プロセスと結びつけた理論では，必然的に資金の調達と運用ということが重視される。調達はキャッシュインフローをもたらし，運用はキャッシュアウトフローをもたらすことはいうまでもない。つまり，過去の実績を表すキャッシュフロー計算書を間接法で作成する場合，資産の増加は運用の増加であり，キャッシュアウトフローと考えることができる。反対に，過去の実績を表すキャッシュフロー計算書を間接法で作成する場合，負債の増加は調達の増加であるから，キャッシュインフローと理解される。このような結論は，上記（2）において，動態論的構造を用いて過去の実績を意味する過去収支計算書に視点を置いた説明と同じ結論になる。

　このかぎりでは動態論的構造から誘導して作成された過去収支計算書と同じ結果となる。しかし，第12章において詳述するように動態論会計における収支は狭く現金の入金，出金に限られる。これは一致の原則の枠内での収支を想定しているからである。

第10章　動態論における勘定記入

　これに対してキャシュフロー計算書においては「キャシュフロー」は回収過程にある資産または支払手段性のある資産を現金同等物に含めて想定している。

(ii) 将来キャッシュインフローに貢献する能力と未収入

　さらに，将来事象に目を向けると，未来収支計算書の「未収入」と「将来キャッシュフロー」とは，必ずしも一致する概念ではない。同様に未来収支計算書の「未支出」と将来キャッシュアウトフローも，完全に一致するものではない。

　資産が将来キャッシュインフローと結びつけられ，負債は将来キャッシュアウトフローと結びつけられるのは投下過程から回収過程への移行を想定してキャッシュフローを考えているからにほかならないのである。

　いずれの企業資本循環プロセスにおいても，企業資本が将来のキャッシュインフローをもたらすといえるためには，企業資本が，すでに回収過程にあるか，あるいは現在，投下過程にある状態から将来，回収過程にある状態への移行が確実であるかのどちらかでなければならない。このうち，投下過程から回収過程への将来の移行を強調する場合には，「将来のキャッシュインフローに貢献する能力である」と考えられるのである。つまり，「将来のキャッシュインフローに貢献する能力」といえるためには，投下過程から回収過程への将来の移行が確実でなければならない。

　それ故，将来のキャッシュインフローに貢献する能力は，必ず回収過程に移行する前段階ということになり，将来，回収過程に移行することが確実に予定されている投下過程にある企業資本を意味する。

　これに対して，動的貸借対照表で示した「支出・未費用」は投下過程の中ですでに支払われた過去の支出であり，過去収支計算を構成する支出である。同様に「費用・未支出」という構造はあくまでも投下過程の中での将来の支出であり，その範囲での未来収支計算を構成する支出である。

　また，「収入・未収益」は回収過程の中ですでに入金のあった過去の収入であり，その範囲での過去収支計算を構成する収入である。同様に「収益・未収

入」は回収過程の範囲内で入金する未来の収入であって，未来収支計算を構成するものである。

つまり，動態論が想定している「支出」および「収入」は，投下過程と回収過程と二つの過程に股がって，いわば「支出・未収益」，「費用・未収入」，「収入・未費用」，「収益・未支出」と構造化されるような「支出」や「収入」ではない。その意味で，動態論会計が想定している収入は投下過程にある企業資本が将来回収過程に移行することを想定した将来のキャッシュインフローではない。また回収過程にある企業資本が将来投下過程に再投下されることを想定した将来のキャッシュアウトフローではない。財務会計では，予想や期待に基づいて想定した将来事象は，本来，記録・計算の対象とはならないのである。

以上のように，すべての試算表項目の動態論的構造を分類的簿記による勘定で表記し，そこから四つの補助元帳に分けることによって，未来収支計算と将来のキャッシュインフローとの関係を構造的に浮き彫りにすることができたわけである。そして予想や期待に基づく情報の提供が，財務会計の範囲を超えた情報提供であるということが明らかになった。次章では，これら四つの補助元帳を踏まえて，資産の統一的把握のための概念すなわち「資産性」の検討を通じて，さらに詳細にこの資産とキャッシュフローとの関係を検討することにする。

第11章 資　産　性

I　資産概念の統一的把握

　さて，これまで，発生主義および動態論を基盤とする財務会計の構造について説明してきた。第9章において導き出された定義は財務諸表上の各項目から動態論的構造を導き出すための論理であり，構造化規則ということができるものであった。動態論的構造規則に従って資産は「支出・未費用」，「収益・未収入」，「支出・未収入」とさまざまな動態論的構造として示すことができた。次に考えなければならないのは，これらを統一する資産概念は何かという問題である。
　以下では，資産概念に関して，制度上，これまでどのように主張されてきたかという点について検討していく。

(1) 資産の統一的把握のための「用役潜在性」概念
　まず，動態論的に「支出・未費用」，「収益・未収入」，「支出・未収入」といった様々な構造をもつ資産を統一的にとらえるための概念として，米国会計学会 (American Accounting Association : AAA) の見解にみられる用役潜在性 (service-potentials) をあげることができよう。資産の本質を用役潜在性とする，AAAの見解によると，「資産とは，特定の企業の経営目的に充てるために投入された経済的資源 (economic resources) であり，将来の経営活動に利用できるかあるいは役立ちうる用役潜在能力の総計額である」[1]と定義される。
　この定義において，経営目的を達成するための活動に利用できるということ

は企業資本の自己増殖運動に直接あるいは間接に参加しうる能力をもつということにほかならない。そこで，この定義は収益の獲得に役立つ収益力要因こそが資産の本質であると換言されうる[2]。

これまで説明してきたように，発生主義に基づく損益計算を中心とする動態論会計においては，資産は将来の収益に対応させるために繰り延べられた原価のかたまりであると考える[3]。つまり，取得原価（動態論的にいえば「支出」）のうち，将来の収益に対応すべき部分を繰り延べたものが資産であると考えるのである。有形固定資産や棚卸資産のような費用性資産はその典型である。

こうした考えを企業資本の循環プロセスに即して言い換えると，投下された企業資本は企業資本循環プロセスの投下過程にあって，以後，回収過程への移行が認められることによって，収益が実現したとみなされ，それと同時に，先に投下された資本は費用として認識されるということになる。すなわち，収益が実現したときに，投下された企業資本がその実現収益を獲得するための価値犠牲分となるのである。

このように，動態論によれば，費用性資産については，収益費用対応の原則を通じて，資産は将来の収益を獲得するために繰り越される投下資本（原価のかたまり）であり，その意味で，収益力要因であると理解されるのである。

現金や売上債権などのいわゆる貨幣性資産は，すでに営業循環プロセスにおいて収益が実現したと認められた後の，すなわち回収過程への移行が完了した後の企業資本の状態である。したがって，貨幣性資産の多くは，現金そのものではないが，現金収入を得るために当該貨幣性資産をもう一度販売または売却する必要はなく，その意味では，収益力要因とはいえない。

仮に，貨幣性資産が収益力要因であるといえるためには，企業資本の循環プロセスの中での位置づけだけではなく，所有目的の観点も援用して説明しなければならない。すなわち，所有目的の観点からみると，貨幣性資産は，「支払目的」で所有されている資産として分類され，将来，企業資本循環プロセス，ないし自己増殖運動のサイクルに再び投下されるのを待たされている状態であるとみなされる。このようにみなすことによって，貨幣性資産もまた，次期以

第11章 資　産　性

降の潜在的な収益力要因ということができるのである。
　資産を「収益力要因」と理解することによって，前払費用や繰延資産などの売却可能性がない投下資本についても，企業資本の循環プロセスに即して，将来の収益を獲得する能力をもつ投下資本であると説明することができるので，「換金性」をもって資産の本質と考える静態論と比べてみれば，資産概念は，確実に拡大されるのである。
　ところで，有価証券や土地は，売上収益に対する将来の価値犠牲分（費用）になるというような費用性資産としての性格をもつものではない。さらに，貨幣性資産とも異なり，現金収入を得るためには，売却を必要とすることから，次期以降いずれかの企業資本循環プロセスに投下されるのを待機している状態であるというものでもない。それ故，用役潜在性ないし収益力要因を資産の本質と考える場合，有価証券や土地が次期以降の収益をもたらす収益力要因であることについて合理的に説明できなければならないという問題が残る。

（2）資産の統一的把握のための「経済的便益」概念

　資産に関する別の考え方は，米国の財務会計基準審議会（Financial Accounting Standards Board：FASB）の資産に関する定義にみられる。FASBは資産について，次のように定義する。

　「資産とは，過去の取引または事象の結果として，ある特定の企業実体によって取得されているか，あるいは支配されている，発生の可能性の高い将来の経済的便益（probable future economic benefits）である。」[4]

　FASBはまた，このように定義された資産の特性として，
① 資産は，単独でまたは他の資産と結びついて直接的または間接的に将来の正味キャッシュインフローに貢献する能力を有する，発生の可能性の高い将来の経済的便益であること，
② 特定の企業が，その経済的便益を獲得することができ，またはその便益

163

に対する他の実体の接近するのを支配することができること，
　③　便益に対する企業の権利を生じさせているか，または便益の支配を生じ
　　させている取引もしくはその他の事象がすでに発生していること，
の三点をあげている(5)。

　これらの特性のうち，①は，将来においてキャッシュインフローをもたらすことに貢献する可能性が高いことを意味し，②は，現在，当該資産を取得しており，支配していることを意味し，③は，過去において原因となる取引またはその他の事象が存在していたことを意味する。したがって，前述の「資産」についての定義は過去・現在・未来という三つの時間区分を異にする特性を含蓄しているものと解釈しなければならない(6)。

　この定義において，とくに注目に値するのは，経済的便益として，「将来のキャッシュインフローに貢献する能力」を明示していることである。このことから，キャッシュフローという極めて具象的な経済的実態の把握に重点をおいて資産を考えようとする，この定義の意図がうかがえる。また，有価証券や土地のような，費用性資産とも，貨幣性資産ともいえないものもまた，売却によってキャッシュインフローを得ることができるわけであるから，たとえ，収益を獲得するという能力が認められなくても，資産性ありとすることができる。それ故，「将来のキャッシュインフローに貢献する能力」をもって資産の統一的説明を可能にするのである。

　有価証券についての一つの動態論的構造は「支出・未収入」であり，土地も「支出・未収入」と構造化できる。したがって，有価証券や土地も含めてさまざまな動態論的構造をもつ資産を「将来のキャッシュインフローに貢献する能力」という概念によって統一的に定義することができるようになるわけである。さらに，この定義によって，これまで，オフバランス項目とされていたものをオンバランス化する可能性を高め，そのことから，資産・負債概念や費用・収益概念の拡大解釈が可能になることも注目される。

II 「経済的便益」概念の特性と資産のオンバランス化

(1)「将来のキャッシュインフローに貢献する能力」の意味

　経済的便益を「将来のキャッシュインフローに貢献する能力」と定めることの意義は三つある。

　第一は，即物的かつ具象的な富の増大に貢献するという意味を「キャッシュインフローに貢献する能力」ということばに託しているということである。キャッシュインフローは，究極的には現金流入を意味する概念であることはいうまでもない。しかし，「キャッシュインフロー」は，そうした文字どおりの「現金の流入」という意味に限定して解釈される必要はなく，(その意味も含めて)広く富の増大を具象的に知るための指標であると理解する必要があろう。

　発生主義と動態論を基盤とする財務会計は期間的な正常収益力の表示を基本目的として多くの判断を駆使して実行される。しかし，そこで算出される「利益」は極めて抽象的な内容のものであり，往々にして具体的な富の増大からの乖離が著しくなる場合もみられる。正味キャッシュインフローはもともと「利益」が指示する実体 (substance) としての富の増大を知るための指標である。この実体としての将来のキャッシュインフローに貢献するものが資産にほかならない。

　したがって，「経済的便益」を「将来のキャッシュインフローに貢献する能力」とするのは，抽象的になりすぎた利益概念に代わり，具象的に価値の増大を把握し，それとの関連で資産を認識しようという考えのあらわれであるといえよう。

　経済的便益を「将来のキャッシュインフローに貢献する能力」ととらえることの第二の意味は，動態論会計との結びつきの中で資産概念の拡大を可能にしたということである。動態論会計は，一致の原則を大きな枠組みとしている。一致の原則とは，「期間損益計算の合計は全体損益計算であり，全体損益計算においては必ず収支計算と損益計算は一致する」という原則である。発生主義

と動態論を基盤とする財務会計は，この原則の枠内で収支計算と損益計算の二元的計算を一体的に行うことになる。

前節で触れたAAAの考えのように，資産の本質を用役潜在性と規定し，用役潜在性の意味を収益力要因とするのは，これら二元的計算のうち損益計算に重点をおいた考えである。

これに対して，資産の本質を経済的便益として，経済的便益の意味を「将来のキャッシュインフローに貢献する能力」とするのは，これら二元的計算のうち収支計算に焦点を当てた場合の資産の定義であるといえよう。この定義によって，有価証券や土地も「将来のキャッシュインフローに貢献する能力」という概念によって資産の拡大解釈が可能になることは前述のとおりである。

経済的便益の意味を「将来のキャッシュインフローに貢献する能力」とすることの第三の意味は，現金同等物の拡大解釈を通じてのオフバランス項目のオンバランス化に根拠を与えることになるということである。すなわち，企業活動の究極の目的が正味キャッシュインフローの増大であると考える場合のキャッシュフローを，現金の流入および流出に限定せず，支払手段性のある流通性に富んだ有形・無形の経済財あるいは回収過程にある債権を含めて広く考えることにより，これまで，財務会計が記録・計算の対象外としてきた事象について，オンバランス化を可能にするのである。

（2）特定の企業による支配概念の拡大

FASBが資産の定義の中で，「経済的便益」の意味をキャッシュインフローに関わらせたことにより，現金同等物の拡大解釈によってオフバランス項目をオンバランス化することができるようになるが，これとは別に，貸借対照表に資産として記載するための条件として法的所有権の取得が要求されていない点もまた，オフバランス項目をオンバランス化するための根拠としてあげることができる。

一般的には，獲得された経済的便益は法的保護を背景にして排他的に利用することができるものである。しかし，FASBの定義によれば，こうした法的権

利の有無は企業が資産を所有したとするための不可欠な前提条件とはならない。ただ，企業が支配することができ，自由に利用できる経済的便益であれば，貸借対照表能力（当該企業の貸借対照上に資産として計上する資格）ありとしているからである。

このように考えることによって，例えば，ファイナンス・リース取引のように法的所有権は移転しないが，経済的利用権ないし実質的な支配権が移転するような契約または事象も資産取得として貸借対照表に計上することができるようになる[7]。

すなわち，ファイナンス・リース取引を通常の売買として取り扱うことは，一方でリース資産の貸し手においては，これまでは認識の対象外であったいわば「未収益・未収入」という動態論的構造のオフバランス項目を「収益・未収入」としてオンバランス化することを可能にする。他方，リース資産の借り手においては，これまで認識の対象外であった「未支出・未費用」というオフバランス項目を「支出・未費用」としてオンバランス化することを可能にするのである。

さらに，ファイナンス・リース契約以外に，先物売買契約（先物売渡契約および先物買付契約）もまた，所有権の移転の条件を緩めることにより，会計上の取引として認められることになる。例えば先物売渡契約のオンバランス化は発生主義と動態論を基盤とする財務会計における収益認識の先取りであり，認識時点の早期化である。

（3）過去の取引または事象の発生

法的所有権の要求が緩和されることにより，オフバランス項目のオンバランス化が広く認められるようになったとはいえ，無制限に資産として認識する範囲が広がるわけではない。例えば，機械等についての将来の経済的便益は，購入契約またはリース契約のように，その機械等を排他的に利用するための契約，あるいは，取引当事者間の合意などがすでに発生済みである場合にのみ資産として認められる。

この条件は，取引の認識を無制限に認めることを避け，認識を制限するための枠組みを与えることを意味する。FASBの資産の定義の中にみられるこの第三の特性は，オフバランス項目を認識の対象とするときの最低限満たさなければならない制約条件となっているのである。すなわち，この制約条件によって資産は，企業の現在の資産がもつ将来の経済的便益（例えば，「収益・未収入」）と将来の資産がもつ将来の経済的便益（例えば，「未収入・未収益」）とが区別され，後者は，当該資産を排他的に利用するための契約など，取引当事者間の合意がなければ，資産から除外されることになる。

III 動態論における「収益力要因」と「キャッシュインフローに貢献する能力」

(1) 企業にとっての価値

これまでの考察から明らかなように，動態論会計は収支計算と損益計算の二元的計算の一体化を内容としている。AAAの定義にみられるように資産の本質を用役潜在性とみなすと，動態論会計における損益計算の観点から資産をとらえることになり，結果的に，用役潜在性を収益力要因と理解することになる。また，FASBの定義のような経済的便益を資産の本質をとみなすと，動態論会計における将来の収支計算のを重視して資産をとらえることになり，結果として，「将来のキャッシュインフローに貢献する能力」として経済的便益を理解することになる。

とくに，資産を「将来のキャッシュインフローに貢献する能力」と考える場合には，有価証券や土地なども含めて，資産を統一的にとらえることができる。

ちなみに，FASBの概念ステートメントでは，経済的便益の例として，

(1) 企業にとって価値のあるものと交換される，
(2) 価値のある何らかのものを生産するために用いられる，
(3) 負債を弁済するために用いられる，

などに役立つ能力があげられている[8]。これによって，費用性資産は，そこに投じられた原価すなわち投下資本が将来の経済的便益を取得または高めることが十分に推定されることから資産と認められることになり，貨幣性資産もまた負債の弁済手段として用いられるという意味での，経済的便益をもたらすという理由から資産として認められる。

確かに，財貨や権利もその企業にとって何らかの意味で価値がなければ，資産に含める必要性は存在しない。しかし，企業にとっての価値は，企業が自己増殖運動を繰り返している組織体であり，増殖運動は利益獲得活動にほかならないから，結局，その企業の収益獲得に貢献するか，または，費用節約に貢献するかのいずれかの場合に資産性が認められるということは重ねて強調されなければならない。

一致の原則が示すように，全体計算の観点からは，企業にとっての価値がキャッシュインフローに貢献する能力にあるとすることは説得力のある主張である。しかし，借入金や固定資産の売却が企業の目的とはなりえないということをみれば企業にとって，キャッシュインフローこそが，企業活動の究極目的であると強調することには問題がないわけではない。

また，キャッシュインフローによって財務安全性が判断されうることも確かである。しかし，財務安全性を企業の目的とする考えもまた，保守的かつ消極的すぎる考え方であるといわなければならない。そうしてみると，動態論会計が，収支計算より，損益計算の方に目が向けて，企業の安定的な成長，正常収益力の算定表示を目指したのは自然なことであったと思われる。したがって，財務会計では，次に述べるように機能論的に考えても資産を収益力要因として統一的にとらえているとするのが妥当な理解であろう。

（2）オンバランス化に対する社会的同意

オフバランス項目をオンバランス化することの正当性は，社会的な要請が期間的な収益力の表示にあるのか，それとも期末時点での実態を明らかにすることにあるのかという選択に依存する。この判断は，利害関係者のうち，どの利

害関係者に焦点を当てているのかという選択でもある。

　例えば，債権者と株主とでは，配当可能利益の計算をめぐって利害が対立する。株主は当期利益を大きく算定したいと思うであろうし，債権者は当期利益を抑えて配当や役員賞与などの社外流出を防ぎ，企業の担保力を実質的に充実させたいと考えるであろう。

　また，投資家と債権者とでは，収益力や財政状態の表示をめぐって利害が対立する。投資家は，経営者の業績を意味する正常な収益力によって，企業の評価をしたいと欲するので，評価益は可能なかぎり排除したいと考える。これに対して，債権者は，現在の担保能力を知りたいと思うのであるから，実態としてどれほどの換金性のある財産を企業が保有しているかに関心をもち，評価益（資産の時価評価）も有用な情報と考えることになる。しかし，投資家と債権者を，一般投資家および社債権者ととらえれば，両者はともに収益力を高めたいと思う。とくに，社債権者は担保能力を充実させたいと思うと同時に，投資家と同じく，収益力を高めることによって，債券の市場価値を高め，それによって，キャピタルゲインを得たいと欲する。

　さらにまた，投資家と株主とでは，当期純利益の計算をめぐって利害が対立する。株式公開会社では，投資家も株主も，ともに，債権者と同じく，経営活動には直接関与しないのが普通であり，経営者との関係では，外部の利害関係者であると位置づけられる。このようなケースでは，投資家は将来の収益力を予測するため，当期の業績を表示する，経常利益金額に主たる関心をもつと同時に一株当たりの価値にも関心をもつ。これに対して，株主は当期の経常利益の金額の表示はもとより，当期分配可能利益ないし処分可能な利益の金額にも関心を置く。

　以上のように，各種利害関係者の関心事を単純化してとらえても，なお，相互の利害の一致あるいは利害の対立が複雑に絡んでいることが理解されよう。現実には，さらに複雑さを増していると思われるので，社会的要請の評価はますます困難となる。したがって，投資家の要求に応えるためだけにオフバランス項目をオンバランス化することに社会的な同意が得られているとは必ずしも

いえないのである。

（3）収益力要因と評価益

　財務会計においては，企業にとっての経済的便益は企業資本の自己増殖に貢献する能力と考えられるところから，企業活動を全体的にながめて，その収益力要因こそが資産としての特性であるとするのが自然である。企業の期間的な正常収益力の算定表示を目的とし，発生主義と動態論を基盤とする財務会計では，収益力要因を資産概念とする考えが妥当であるといえる。

　収益力要因という観点から，再度，土地や有価証券の評価益をともなうオフバランス項目のオンバランス化の問題を考えると，資産は収益力要因と考えられるかぎり，総体としての企業資本の増殖運動，すなわち売上収益に貢献する能力であって，もともと土地や有価証券それ自体の個別的な増加に貢献する能力を意味するものではない。

　また，オフバランス項目は，二つの方法でオンバランス化がなされる。一つには，収益・費用の認識時点の早期化ということを通じてオンバランス化が行われ，他の一つに，収入・支出の拡大，すなわち現金同等物の範囲を拡大することを通じてオンバランス化が行われる。

　有価証券の評価益の場合，現金同等物の中に有価証券を含めることにより，現金同等物の拡大認識は可能となる。その結果，有価証券の評価益を認識することによって認識される有価証券（の増加分）は収益の認識の反対給付として現金同等物の受入と考えることができるのである。しかしながら，財の引渡の早期化を通じて，有価証券の評価益をオンバランス化することはできない。まして，土地にいたっては現金同等物をいかに拡大解釈しても評価益を認めることは不可能であるといわざるをえない。

　オフバランス項目のオンバランス化の動態論的な説明は章を改めて，（第12章で）行うことにしたい。

(注)

(1) AAA, "Accounting and Reporting Standards for Corporate Financial Statements ——1957 Revision", The Accounting Review Vol. 32, No. 4 Oct., 1957, p. 538. なお，日本語訳は，中島省吾訳編『増訂A.A.A.会計原則』中央経済社，1971年（増訂八版）を参考にした。ただし，本稿の他の箇所との整合性という観点から一部変更した。

(2) 用役潜在能力を収益力要因とする考えについては，山桝忠恕，嶌村剛雄共著『体系財務諸表論［理論篇］（四訂版）』税務経理協会，1992年，239-240頁を参照されたい。

(3) 一般に費用動態論ないし資産費用説と呼ばれる立場である。費用動態論については，山桝，嶌村，前掲書，55-56頁を参照されたい。また，資産費用説については，井上良二，『最新財務会計論』中央経済社，1993年，210頁を参照されたい。

(4) FASB, Statement of Financial Accounting Concept No. 6, "Elements of Financial Statements", 1985, par. 25. 日本語訳は，平松一夫，広瀬義州訳『FASB財務会計の諸概念［改訂新版］』中央経済社，1994年を参考にした。ただし，本稿の他の箇所との整合性という観点から一部変更した（以下，同じ。）。

(5) Ibid., par. 26.

(6) このような時間区分に基づく三つの特性の分類については，井上良二『財務会計論』新世社，1995年，75頁を参照されたい。

(7) わが国でも，ファイナンス・リースについては通常の売買として取り扱うことができるようになった。この点について，1993年に企業会計審議会より公表された「リース取引に係る会計基準に関する意見書」三，を参照されたい。

(8) FASB, op. cit., par. 30.

第12章　財務会計の認識対象の拡大

I　オフバランス項目のオンバランス化のパターン

　従来，会計の対象外であったオフバランス項目を単に情報として利害関係者に伝達するだけでなく，制度として行われる会計のシステムの中に組み入れることを本書では「オンバランス化」と呼ぶことにする。すなわちオンバランス化とは，資産および負債それぞれの概念を拡大して，それまで会計的認識の対象外であった経済的事象を会計のシステムの中で認識・測定できるようにすることはもとより，費用および収益それぞれの概念も拡大して，それらの経済的事象を認識・測定できるようにすることである，といえよう。したがって，オンバランス化は企業資本ないし企業資本の自己増殖運動についての会計的な認識範囲および測定範囲の拡大であると言い直すことができる。

　財務会計においては，一般に収入または支出のそれぞれの概念を拡大するか，あるいは収益または費用のそれぞれの概念を拡大することによってこうしたオンバランス化は可能となる。それぞれの概念の拡大をパターンとして表現すると，次のようになる。

(1) 「収入」概念の拡大は現金または「現金同等物」を拡大解釈するか，あるいは，それらの増加の認識時期を早めることによってなされる。
(2) 「収益」概念の拡大は「経済的価値」の解釈を拡大させるか，あるいは，それらの増加の認識時期を早めることによってなされる。
(3) 「支出」概念の拡大は現金または「現金同等物」を拡大解釈するか，あ

るいは，それらの減少の認識時期を早めることによってなされる。
(4)　「費用」概念の拡大は「経済的価値」の解釈を拡大させるか，あるいは，それらの減少の認識時期を早めることによってなされる。

　要するに，オンバランス化は，具体的には①現金または「現金同等物」の拡大解釈，②「経済的価値」の拡大解釈，③収入・支出の認識時点の早期化，および④収益・費用認識時点の早期化の四つの方法を通じてなされるのである。結果として，従来の公表会計制度における「実現」の二つの要件，すなわち，所有権移転の目的をもった財の引き渡し，および対価として現金または現金同等物の受け取りという二つの要件の緩和をもたらすことになる。

　以下では，この認識領域拡大のための操作を企業資本ないし企業資本の自己増殖運動の動態論的構造を用いて明らかにし，続いて，これまでオフバランス項目であったものをオンバランス化するための取引概念の拡大について，動態論的構造をみていくことにする。

　なお，これらのほかに，測定に関しては測定技術の改良による認識領域の拡大の例もある[1]が，これも結局，上記の認識領域拡大のための操作に結びつく技術上の問題である。

II 「実現」と「オンバランス化」と動態論における「解決」

　動態論では，貸借対照表項目は，いわゆる未解決項目であるのに対し，損益計算書項目は解決項目であるとされる。しかし，この説明では誤解を招くおそれがある。例えば，「収益・未収入」および「費用・未支出」は貸借対照表項目（未解決項目）であると同時に損益計算書項目でもあるからである。

　「収益・未収入」は収益を重視すれば，未だ収入のない収益であり，反対に，未収入を重視すれば，収益ではあるが，未だ収入がないという項目である。したがって，「収益・未収入」という未解決項目は貸借対照表項目であると同時

に損益計算書項目でもある。

「費用・未支出」は費用を重視すれば，未だ支出のなされていない費用であり，反対に，未支出を重視すれば，費用ではあるが，未だ支出のなされていない項目である。したがって，「費用・未支出」という未解決項目は貸借対照表項目であると同時に損益計算書項目でもある。

そこで，企業資本の認識領域の拡大化を検討するに先だって，以下では，「解決」についての動態論的解釈をあらためて明らかにしておくことにする。

(1)「解決」の動態論的解釈

第9章において動的貸借対照表の構造を導くために「未解決」の意味を定義してきたが，損益計算書の動態論的構造を明らかにするためには「解決」の意味も検討しなければならない。

これまで，繰り返し述べてきたように，動態論において「未解決」というのは損益計算と収支計算の間に期間的に不一致が生じている状態をいうのである。収支は既に生じているが，それに関する損益は認識さていないというとき，あるいは，損益はすでに認識されているが，それに関する収入または支出は未だなされていないというときに，動態論においては「未解決」となるのである。

このことから逆に，動態論において「解決」とみなされるケースというのは，基本的には収支および損益がともに認識される場合であり，資産に関しては，①収益が実現し，かつ現金を受け取ったとき，あるいは外部投資が撤収され，現金を受け取ったとき，②費用性資産が費消されるなど，現金等の支払が既になされていて，かつ費用の発生が認識されたときである。

したがって，損益計算書項目が解決であり，貸借対照表項目が未解決であると単純にいいきれないのである。動態論会計において伝統的に「解決」とは，一つの経済的事象について，収支と損益の両方がすでに認められた場合，すなわち，(収益の) 実現と (現金の) 受取，(費用の) 発生と (現金の) 支払という二つの経済事象 (企業資本運動) がともに生じた場合であるということは重ねて強調されなければならない。

以下では，これらのうち，収益と収入の関係にかかる「解決」をとりあげ，その動態論的な構造を明らかにすることにする（費用と支出の関係については省略する）。

（2）「実現」と「オンバランス化」と動態論における「解決」の相互関係

　さて，図12-1は収入・収益の四元置換群を示すものである。同様に「支出・費用」についても四元置換群を作成することができるが，省略することは前述のとおりである。公表会計制度における収益と収入の関係にかかる「実現」と「オンバランス化」と動態論における「解決」の関係は，この図に示されるとおりである。

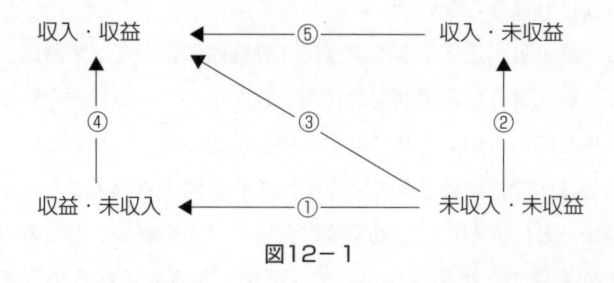

```
収入・収益 ◄──── ⑤ ──── 収入・未収益
    ▲          ▲
    │         ╱
    ④       ③              ②
    │     ╱                 │
収益・未収入 ◄── ① ──── 未収入・未収益
```

図12-1

　この四元置換群に示されている①〜⑤の矢印のそれぞれの内容は次のとおりである。なお，動態論的構造として「収益・収入」という深層構造をもつ解決項目は必ずしも，売上収益に限られるものではない。有価証券の評価益や売却益のような営業外収益，あるいは固定資産の売却益のような特別利益もまた，「収益・収入」という動態論的構造をもつことはあらためて指摘するまでもない。

① オンバランス化：「実現」の拡大解釈によって収益が早く認識され，回収過程にある資産としてオンバランス化される移行。
② オンバランス化：「現金同等物」の拡大解釈によって収入が早く認識さ

れ，回収過程にある負債としてオンバランス化される移行。
③　オンバランス化：①および②の結合。
④　解　　　決：収益がすでに認識されているケースにおいて「現金同等物」の拡大解釈によって収入が早く認識されるが，狭く現金を受け取ることによって「現金同等物」も含めて現金以外の資産を減少させる移行。
⑤　解　　　決：収入がすでになされているケースにおいて「実現」の拡大解釈によって収益が早く認識され，負債を減少させる移行。

　これまで，「解決」の理解は，この図で示されている④と⑤の移行にかぎられていた。すなわち，④は資産の「解決」であり，⑤は負債の「解決」である。これらの移行が未だ認められないときには，「未解決」項目であるとされ，資産あるいは負債として貸借対照表に集められて次期以降の損益計算を適正に行うために繰り返されると考えられてきたのである。

　本章では，それを敷衍して，**図12-1**の③に示される局面の移行も収入・支出に関する「解決」と考えることにする。要するに「解決」とは「財の引渡」または「サービスの提供」と「現金の受取」がなされたときであるとまとめることができる[2]。

　さらに，**図12-1**における五つの移行のうち，①，②，③は現在，公表会計制度において，しばしば議論されるオフバランス項目の「オンバランス化」であり，結果として，資産概念の拡大，負債概念の拡大，収益概念の拡大をもたらすことになるのである。①は「財の引渡」または「サービスの提供」を拡大認識することによる「オンバランス化」であり，②は「現金の受取」を拡大認識することによる「オンバランス化」であり，③はその両者を含む「オンバランス化」である。同時に「解決」でもある。なお，③は資産または負債の計上を省略したオンバランス化であり，簿外資産およびいわゆる「簿外負債」を

生じさせるときの移行のパターンでもある点は合わせて指摘しておかなければならない。

（3）資産概念の拡大と負債概念の拡大

　図12-1における①の移行は実現主義による収益の認識のケースである。このケースの典型例は，すでに商品を引き渡し（用役の提供も含む。以下同じ），その後，現金または現金同等物を受け取る場合である。

　従来の公表会計制度では，どの時点で，財の引渡が完了したといえるのかを判断するとき，所有権の移転が一つの目安となってきた。つまり，所有権移転が収益実現の基準の一つとされ，投下過程から回収過程への移行の判断基準とされてきた。しかし，近年，ファイナンスリース契約については，所有権移転がないにもかかわらず売買取引とみなすことになった。この例が示すように，収益認識は，所有権移転よりも経済的実態を重視するようになったのである。したがって，所有権の移転は収益認識の不可欠の条件とはいえなくなったといえよう。

　①と⑤の間には，収益を認識する基準（「実現」）について，整合性がなければならないのは当然であるが，⑤の局面では，現金をすでに受け取っているため，財引渡の完了が，直ちに収益の認識（実現）に通じるだけではなく，動態論における「解決」にも通じることになる。

　これに対して，①の局面では，現金が未だ受け取られていない状態で，財引渡の完了を認識するのであるから，この局面での移行の認識は，債権等を生じさせる。このときの債権等は，財引渡によって収益を認識するときに，その結果として認識される資産である。

　前述のように，①の局面での移行は，現行の公表会計制度においてオフバランス項目となっている資産を「オンバランス化」するケースでもある。この種の「オンバランス化」は「実現」概念の拡大によって，結果的になされるのである。前述の所有権の移転をともなわないリース取引を所有権移転という条件を緩和して，通常の売買取引として扱うケースは，貸し手側においてオフバラ

ンスであった債権を「オンバランス化」する具体例の一つである。

　この時の財引渡の見返りとして受け入れた債権等は現金同等物の範囲に含められることになる。しかしながら，動態論においては，現金同等物であっても，貸借対照表項目である以上は，依然として未解決項目である。したがって，①の移行によって「実現」は認められるが，「解決」したとはいえないのである。この点で①と⑤とでは異なる。動態論において「解決」といえるためには，現金同等物ではなく，「現金」を回収しなければならない。

　とはいえ，当然のことながら，現金同等物の範囲が拡がり，未収入が収入に変わる認識範囲は拡がると，②の局面において現金および現金同等物を受け取ったとする認識時期が早まることになる。このように，現金同等物の範囲の拡大は，「収入」の認識時期の早期化に結びつく。それ故，②→⑤の流れを通じて現金同等物の範囲の拡大は結局，「解決」を早める結果になる。しかしながら「実現」概念の拡大は，動態論における「解決」を早める強いインパクトにはならないのである。

（4）収益概念の拡大

　図12－1における③の局面は，入金および財の引渡の両方が認められたときの収益の認識につながるという，いわば収益のオンバランス化であると同時に「解決」のオンバランス化のケースである。

　③の局面は，さらに二つに分けて考える必要があろう。結果は，「未収入・未収益」から「収入・収益」に移行することになるとしても，その過程を分解すると，①→④の移行と考えられる場合と②→⑤の移行と考えられる場合の二つのケースがありうるからである。

　③の局面を②→⑤という流れとみる場合，②において，すでに現金を受け取っていると考え，⑤において，財が引き渡されるという順序で収益の「実現」と同時に「解決」を認識すると考えるのであるから，結局，⑤の財の引渡により，投下過程から回収過程への移行が確定したことになる。したがって，このような「解決」のオンバランス化は，②の現金の範囲を拡大するというこ

とを通じてではなく，⑤の財引渡の完了時点の認識を早期化，つまり，投下過程から回収過程への移行が確定したと認識すべき時点を早めることによって，最終的な「解決」の認識も早期化されると考えられる。

この場合のオンバランス化の具体例には，先物売渡契約のケースにおける売上収益の認識があげられる。先物売渡契約のケースは，一方で給付義務のオンバランス化の問題を含み，他方で先物取引についての売上収益のオンバランス化の問題を含むのである。このケースでは，③のオンバランス化を決定するのは，⑤の早期化である。給付義務のオンバランス化は既になされている状況で，売上収益のオンバランス化がなされ，その時点で同時に動態論的「解決」が認識されるという関係にあるからである。この時の動態論的「解決」は負債の解消を意味し，仮に「解決」なしに負債を解消すればいわゆる簿外負債を生じさせることになる。例えば，先物売渡契約において財の引渡前に受け取った金額（前受金）をすべて収益として処理する場合はこのケースに当たる。また，そもそもこの時の負債すなわち給付義務が虚構のものであれば，財を引き渡すことによってその虚構の負債の解消が認識されても，動態論的な「解決」とはならず，簿外の資産（請求権）が生ずることになる。例えば，先物売渡契約において約束をしただけで未だ現金を受け取っていないときに未収金と前受金を計上して財を引き渡したときに前受金で売上を計上するのはこのケースに当たる。

③の局面を①→④という流れで，両者が合体した取引とみる場合，まず，財の引渡があり，収益の「実現」が認識され，続いて現金の受入があるという順序で収入が認識されて「解決」が認識される。この場合，現金同等物の範囲の拡大の結果として実現概念が拡大されるのではなく，実現概念の拡大の結果として現金同等物の拡大解釈がなされるのであるから，③を①→④のケースと考える場合においても「解決」のオンバランス化は，④の収入概念を拡大するというかたちではなく，①の財の引渡，すなわち「実現」概念を拡大解釈するか，早期化することによって，実質的には「収益の実現」が認識される場合であるということができる。

ちなみに，①→④の流れで，収益に関する「解決」のオンバランス化がなさ

れるケースとしては,貸し手側からみた場合のファイナンス・リース契約があげられる。ファイナンス・リースの契約は,一方で,未収入金という債権のオンバランス化の問題を含み,他方で,入金により「解決」のオンバランス化の問題を含むのである。このように考える場合,③のオンバランス化を決定するのは,①の早期化である。①を認識する段階で債権のオンバランス化はなされ,その後は債権の回収がなされたときに動態論的「解決」が認識されるのである。この時の動態論的「解決」は債権の解消であり,現金による回収である。「解決」がないまま,資産を解消すれば,いわゆる簿外資産を生じさせることになる。

割賦販売において回収基準で売上収益を認識する処理では,未回収分についての売上収益および売上債権が簿外となるのはこのケースに当たる。

Ⅲ 動態論における「未収入」と発生主義における「未収入」の違い

図12-1における④の移行は,動態論会計に固有の「収入」についての認識である。この「収入」の認識によって,「収益・未収入」から「収益・収入」へ移行したことが認められる。したがって,動態論においては,この移行を単なる代金の回収と考えるべきではなく,また「実現」のための要件と考えるべきでもない。最終的な「解決」のための一つの要件を満たす場合であると考える必要がある。

信用取引を通常とする現在の商慣習のもとでは,営業循環プロセスの回収過程において,現金を実際に入金するまでの経緯は,[売掛金→受取手形→当座預金→現金]というように迂回する。このときの迂回の過程は,広義には営業活動の一環であるとはいえ,厳密にいえば財務活動とみなすこともできる。つまり,例え,売上債権の回収であっても,これらの回収は売上収益の認識には影響しないからである。

繰り返していえば発生主義会計では,受入資産のいかんを基準にして収益が

認識されるのではなく，収益が認識される結果として受入資産（回収過程にある）が認識される。つまり，収益を認識した結果として現金同等物の受入は認識されるのである。したがって，収益をすでに認識しているのであれば，現金同等物も認識されているはずである。それ故，発生主義会計では，収益を認識しているにもかかわらず，現金は未だ受入れていないと認識する「収益・未収入」という状態はもとより存在しないはずである。

しかしながら動態論では，前述のように，未解決項目として「収益・未収入」の存在を認めている。このような項目としては具体的には売掛金や未収金があげられる。

動態論では，一致の原則により，最終的な全体損益計算において，収支計算と損益計算とが一致することが予定されている。この一致の原則の枠内で期間損益計算を行うため，④の移行は全体計算でいう「収入」概念と一貫させて理解する必要がある。このことから，結局，動態論会計に固有の「未解決」の意味を表す「未収入」または「未支出」は，狭く現金そのものの未収入または未支出に限定されるといわざるをえない。④の移行は，実現概念の拡大の結果，認識される「収入」によるものではなく，全体計算の枠内での期間損益計算における「解決」を表しているのである。

これに対して，もともとは発生主義会計を意味していたはずの期間損益計算において，「実現」概念の拡大にともなって，認識される「収入」概念は，必ずしも，狭く現金だけの収入に限らない。現金同等物も含む，拡大された「収入」概念である。したがって，このことは，動態論に固有の「収入」概念と，発生主義会計における「収入」概念とは相違することがあるということを示唆している。

以上のように，動態論会計における「収入」は極めて構造論的な概念であり，現金収入に限定されるのである。これに対して，適正な期間損益計算を主たる目的とする発生主義会計は，しばしば，財務会計と制度会計とを結びつける役割も担っているため，そこでの「収入」は現金だけでなく，現金同等物も含む極めて機能論的な概念となるのである。

Ⅳ 「現金同等物」の拡大解釈と動態論的「解釈」の関係

現金同等物については，これまで「回収過程にある資産」と解釈する立場と，「支払手段性をもつ資産」と解釈する立場とがあった。「現金同等物」を「回収過程にある資産」と考えれば，長期割賦売掛金は「現金同等物」に含まれる。「支払手段性をもつ資産」と考えれば，一時所有の有価証券は「現金同等物」に含まれる。

(1) 長期の割賦売掛金

前述のように，発生主義会計においては，現金同等物は収益が実現したと認識されたときに，同時に認識されるものであるため，実現概念が拡大されると，収益の認識領域が拡がり，結果として「回収過程にある資産」である現金同等物の拡大解釈が認められるという関係にある。

さらに，基本的には，図12-1における①と⑤との間で財貨の引渡についての解釈に整合性がなければならなかったように，②と④との間でもまた受け取られる現金同等物の解釈に整合性がみられなければならないはずである。

しかしながら，②の局面では，［収入→負債（給付義務）→収益］という流れにおいて前半の［収入→負債（給付義務）］の中で現金同等物の拡大解釈はなされる。つまり，現金同等物の拡大解釈が先にあり，その結果，負債（給付義務）概念の範囲が拡大される。さらにその後に，収益の認識がなされるので，収益の認識が拡大されることによって，現金同等物の解釈が拡大されることはない。例えば，有価証券を現金同等物に含めるか否かの議論は，この②の局面の給付義務に影響を与えることになる。

これに対して，④の局面では，現金同等物の拡大解釈は［収益→資産（現金同等物）→収入（現金による回収）］という流れの前半の［収益→資産（現金同等物）］という収益の実現の拡大解釈によってなされうる。例えば，長期の割賦

売掛金を現金同等物に含めるか否かの議論はこのときの現金同等物の認識に影響を与えることになる。しかしながら，動態論的な「解決」，つまり「収益・未収入」から「収益・収入」への移行が，その後の現金同等物の現金による回収を意味するのであるから「実現」の拡大解釈によって影響を受けることはない。

　要するに，②と④の間には収入についての企業資本循環プロセスにおける位置づけに相違がみられる。②は回収過程に移行する前の，すなわち，収益が「実現」する前の収入であり，④は投下過程から回収過程への移行後の収入であり，収益が「実現」した後の収入である。

　例えば，長期の割賦売掛金は長期の債権であり，支払手段性は，もとよりないが，図12－1における①の移行を認識するときに，結果として生ずる現金同等物である。現金同等物を広義に解釈すると，この長期割賦販売のケースのように，所有権の移転の有無にかかわりなく，財の引渡がすでに完了している分に相当する掛代金については，①の移行を認識して，現金同等物の受入を認識することになる。

　さらに，現金の認識だけではなく，信用販売による掛代金はもちろん，法的に権利の確定した金額（受取手形や期限が到来して割賦代金の未収金）も回収過程にある資産であるとみなされ，現金同等物として認識される。売掛金から受取手形を得たときに，受取手形は割引，裏書等の場合を除いて，通常，満期まで所有していれば，現金に換えるのに売却する必要はないからである。受取手形を現金同等物と考えることに問題はない。

　回収過程の中での移行は，売掛金や受取手形から，さらに小切手を受け取ったときに代金の回収と考えるか，あるいは，小切手が当座預金となったときに，代金の回収と考えるか，あるいはまた，当座預金が現金に換えられるときに代金の回収と考えるか，という議論は現金同等物の現金による回収時期の問題を提供するにすぎない。この場合，全体損益計算における一致の原則が予定している収支計算との一貫性を考えて「解決」が判断される。しかしながら，動態論においては，回収過程において「現金」と売上債権（「収益・未収入」）とは区

別される。

　言い換えれば，投下過程から回収過程への移行を考えるときの議論ではなく現金または現金同等物を受け取ったときに回収過程が完了したと考える場合の「収入」である。この局面では，財の引渡はすでに完了していて，その後に，「入金」をもって回収過程が完了したと認め，それと同時に動態論会計において「解決」したとみなすことになる。

（2）一時所有の有価証券

　評価益を認識する場合，その反対給付は，そのときの評価対象となる資産である。有価証券の評価益の受入資産は有価証券であり，土地の評価益の受入資産は土地である。そのため，しばしば有価証券のような現金同等物についての評価益は認められるが，土地のような現金同等物でない資産の評価益は認められないと主張される。この種の主張は，株式等の有価証券を受入れた場合，それを現金同等物と考えることができるかどうかという次元の問題を投げかけるのである。また，株式等の流通性に富んだ有価証券が，現金同等物の中に，含まれるかどうかについては，財務会計基準書（Statement of Financial Accounting Standard：SFAS）No. 95[3]，改訂国際会計基準（International Accounting Standard：IAS）No. 7[4]に従えば現金同等物に含まれないことになるが，わが国の企業会計審議会から公表されている「資金収支表[5]」においては，一時所有の有価証券は現金同等物に含まれるとされている。このように現金同等物の内容については，制度上は，必ずしも統一的な見解が見られるとはいいきれない。

　しかし，一時所有の有価証券の時価評価の制度化が最近の傾向であることから，収入として受入資産の範囲，換言すれば，現金同等物の範囲に有価証券は含まれるとするのが一般的な考えになりつつあるといえよう。この傾向は財務会計の構造論的原理と，制度会計の機能論的原理との不一致を生じさせる事例である。

（3）評価益を認識する場合の現金同等物

　以上のような傾向を認めるとしても，評価益の認識で問題となるのは，評価の対象が現金同等物に当たるか，否かということよりも，財貨の引渡があったとみなされるか，否かである。基本的には，評価益は，期末時点では売却していないのであるが，あくまでも期末時点で売却するとすれば，いくらで売却できるかという評価額を基準に認識されるものである。あるいはまた，評価益は将来，売却するときに，いくらで売ることができるかということを想定して，その想定した価額も考慮して計算されるものである。それ故，評価益は，実際の売却時点の売買差額の認識の早期化による収益概念の拡大とみなすことができる。

　この考えによれば，例え，将来の売却予想額をもとに測定したとしても，評価の基準日（立脚点）は期末現在であることに変わりはない。その意味で，評価益は，しょせん，期末時点においては仮定の数値以上の性格をもつものではない。有価証券の評価益を認識するためには，こうした仮定も含めるような「財引渡」についての擬制が必要となるのである。

　有価証券に限らず，すべての資産について評価益を計上するためには，「財引渡」とみなせる範囲を拡大する必要がある。しかしながら，現在の段階では，有価証券は流通性に富んでいて，いつでも現金に替えられるという特徴をもつとはいえ，実際の売却以前に評価益を計上するために必要な要件である「財引渡」があったとする擬制を容認するための積極的な根拠は見い出しにくい。ただし，これらの解釈の拡大化が認められるか，否かは会計の構造的な領域の問題ではなく，制度の目的，そしてときには倫理的な（社会的な価値体系へ同調するような）価値判断に依存することになる。

V　現金と現金同等物とキャッシュフロー

（1）投下過程から回収過程への移行の「確実性」と「確定性」

　本章においてこれまで述べてきたように，制度会計における「オンバランス化」および動態論会計における「解決」は発生主義会計における「実現」の内容いかんによって直接的または間接的に影響を受ける。「実現」を拡大解釈することによって，投下過程から回収過程にすでに移行したとみなせる領域は確かに広がるのである。

　回収過程にある資産は，再び販売というプロセスを踏まなくとも，現金を受け取ることができるという位置にあるから，キャッシュインフローをもたらす可能性は大きい。むしろ，すでに現金同等物をもたらしたと考えなければならない。しかしながら，「実現」の拡大解釈によってすでに回収過程に移行したとみなされることになった資産は「将来のキャッシュフローに貢献する能力」が意味する，「投下過程から回収過程への将来の移行への確実性」によっては何らの影響も受けないのである。

　言い換えれば，「実現」概念は，もともと，投下過程から回収過程への移行が事後的に確定したといえるか否かを内容とするための判断基準である。すなわち，事後的に移行したと認識するか否かを判定する基準にほかならないから，投下過程から回収過程への将来の移行の確実性を事前に問題とするときの判断基準とは異なるのである。

　またしばしば，「現金同等物」の拡大解釈によって，現在のキャッシュインフローの認識が拡大されると指摘される。しかしながら，「現金同等物」の拡大解釈は投下過程から回収過程への将来の移行の「確実性」に結びつくものではない。

　これまで繰り返してきたように，「現金同等物」の拡大は実現概念の拡大によって，結果として認識されるものであり，その意味で，すでに回収過程に移行した後の企業資本の拡大であり，これに対して，「将来のキャッシュインフ

ローに貢献する能力」は，投下過程にある資産が将来回収過程への移行の確実性を意味するからである。

（2）資産とキャッシュインフロー，負債とキャッシュアウトフロー

　こうしてみると，「実現」概念および「現金同等物」概念の拡大解釈のいずれも，確実性にはほとんど影響することはなく，したがって「将来のキャッシュインフローに貢献する能力」に影響する概念ではないことがわかる。とはいっても，「実現」概念の拡大解釈によって，回収過程へ移行の認識が早まり，回収過程にあるとみなされる企業資本は多くなる。その結果，「収入・未収益」から「収入・収益」への移行が早まり，「収入・未収益」の存在は少なくなる可能性はある。

　つまり，「実現」概念の拡大結果として，損益項目における将来事象が先取りされ，その結果，動的貸借対照表の資産側は「支出・未費用」という未解決項目がほとんど解決されて「支出・費用」となり，「支出・未収入」と「収益・未収入」という未解決項目だけが残ることになる可能性がある。これらの残された未解決項目はすべて，将来，（現金同等物ではなく,）現金そのものを受け取ったときに動態論的に「解決」するという「未収入」である。したがって，現金収入という意味での将来のキャッシュインフローとして説明できる資産だけが残るようになる。

　同様に，「実現」概念の拡大の結果として，負債側は「収入・未収益」という未解決項目はほとんど解決されて「収入・収益」となり，「費用・未支出」と「収入・未支出」という未解決項目だけが残ることになる可能性がある。これらの残された未解決項目はすべて将来，（現金同等物ではなく,）狭く現金を支払ったときに動態論会計における「解決」が認識されるということになる項目である。したがって，負債は，現金支出という意味での将来のキャッシュアウトフローのことであると説明できるようになる。

　しかしながら，このように，「実現」概念ないし「現金同等物」概念の拡大

第12章　財務会計の認識対象の拡大

をはかって，資産を将来のキャッシュインフロー，負債を将来のキャッシュアウトフローと意味づけて両者がプラスとマイナスの関係にあることを説明しようと試みても，そこで指摘できるキャッシュフローは，しょせん，回収過程の中での将来のキャッシュフロー（「収益・未収入」および「収入・未支出」），あるいは投下過程の中での将来のキャッシュフロー（「費用・未支出」および「支出・未収入」）に限られる。問題にすべき将来のキャッシュフローは現金同等物も含めたところでのキャッシュフローであり投下過程から回収過程への移行が確実かどうかによってその能力が判断されるものである。

　もともと，貸借対照表上の資産と負債との間にプラス・マイナスの関係があるといえるためには，「実現」概念の拡大という前提がなくとも，無条件で資産は将来キャッシュインフロー，あるいは将来キャッシュインフローに貢献する能力，負債は将来キャッシュアウトフロー，あるいは将来のキャッシュアウトフローとなることが確実に予想できるといえなければならないはずである。将来という同一の時間区分において両者の間にキャッシュインフローとキャッシュアウトフローの関係を認めることができれば，資産と負債はプラスとマイナスの関係にあるということができるのである。

（注）
(1) 例えば，自己創設のれんや人的資源への投資額はその代表例である。この点について，武田隆二「オフ・バランスの類型と資産化能力」『企業会計』第40巻第12号，1988年，19-20頁を参照されたい。
(2) 売上収益の動態論的構造については，瀧田輝己『財務諸表論［各論］』千倉書房，1996年，52-54頁を参照されたい。
(3) ちなみに，SFAS No.95では，現金同等物（cash equivalents）として，通常の株式は除かれている。この点について，cf. FASB, Statement of Financial Accounting Standards No.95, 1982, par.9.
(4) 改訂IAS No.7でも，持分投資は，一定の償還日のある優先株式をその残存期間が短期となった時に取得した場合のように，それが実質的に現金同等物である場合を除き，現金同等物から除外されている。この点について，IAS No.7, par.7.（「JICPAジャーナル」第5巻第8号，1993年8月，94頁）参照。
(5) わが国の資金収支表では，現金預金および市場性ある一時所有の有価証券が資金の範囲に含められている。この点について，1986年に企業会計審議会より公表され

た「証券取引法に基づくディスクロージャー制度における財務情報の充実について（中間報告）」二2，を参照されたい。

第13章　財務諸表の意味づけ

　第9章において財務諸表の動態論的構造を導き出すための論理(動態論的構造化規則)についてみてきた。本章では財務諸表の動態論的構造を出発点としてその意味づけ，すなわち財務諸表を解釈するときの論理を明らかにしていく。

I　財務諸表の意味構造

(1) 財務諸表の「動態論的構造化規則」
　動態論はもともと発生主義と深く結びついていることは，これまで繰り返し述べてきたところである。そして，発生主義に基づく収支計算と損益計算の二元的計算の一体化という観点から，動態論の論理に基づいて，さまざまな資産は「支出・未費用」，「支出・未収入」，「収益・未収入」と構造化される。こうした動態論的構造を導き出す論理を「動態論的構造化規則」と呼ぶことにしたのは前述のとおりである。したがって，この「動態論的構造化規則」は，全体として収支計算と発生主義を前提とした損益計算との期間的な不一致を中心に形成された一組の論理体系である。

(2) 発生主義会計における準拠性と実在性
　発生主義会計のもとでは，損益計算に重点が置かれる。そのため，最終的に算出された「利益」は，多くの判断を行使して計算された結果であり，極めて抽象的な意味をもつ数値にならざるを得ない。そのため，財務諸表を客観的に作成するにあたっては，一般に認められた会計原則への準拠性が強く求められ

る。しかし，準拠性を満たすことによっても，それだけでは恣意性は排除されるが，財務諸表が事実を表しているということまでは保証されない。

　財務諸表が真実な報告であるためには，「損益法と財産法の相互補完性」の説明でも触れたように（第7章Ⅰの（4））そこに記載されている項目について，準拠性に加えて実在性も要求されることになる。言い換えれば，会計においては記録と事実の一致が何らかのかたちで保証される必要がある[1]のである。例えば，実地棚卸による減耗損等の把握，金庫の中の現金を実査することによる現金過不足の把握，売掛金等の確認による修正などの決算整理は，そうした意味での財務諸表（記録）と現実の世界（事実）とを結びつける手続であると位置づけることができよう。

（3）財務諸表の機能論的解釈と構造論的解釈

　とはいえ，複式簿記による「記録」，そしてまたそこから誘導して作成される財務諸表を，表面にあらわれたかたちのままで事実と結びつけることには問題がある。貸借対照表上の記載内容を表面的に解釈するということであれば，実地棚卸を基にした財産の一覧表である財産目録と資産および負債についての帳簿棚卸を基にした帳簿残高の一覧表である貸借対照表を区別する意味がなくなるからである。

　加えて，貸借対照表上のすべての項目を実地棚卸によって作成することは，もとより不可能だからである。それにもかかわらず，実務上，投資家等が意思決定のために財務諸表を分析するときに，財務諸表を表面にあらわれたかたちのまま解釈しようとする傾向にあることは否定できない[2]。投資家等によるこのような利用のされ方を強調するあまり，それに対する適合性を意識しすぎて，財務諸表上の言明をそこで指示する事象の「現在の存在」と結びつけるような解釈は結果的に会計の必要性を否定することになりかねない。

　確かに，制度として行われている財務会計のもとでは，財務諸表が現実にどのように利用されているかという利用のされ方があらかじめ考慮されて，その利用のされ方に適合するように財務諸表作成のためのルールが機能論的に用意

されている。しかしながら、その場合でも、制度会計はもともと「単一の多目的会計」として設定されているのであるから、そこで公表される財務諸表は、特定の利害関係者集団の利用目的に偏向したものではなく、各種の利害関係者の関心に応えるべく多目的的に利用されることが予定されているはずである[3]。

　このように考えるとき、財務諸表上の記載事項（すなわち記録）と事実の表層的な次元での一致を想定して財務諸表を解釈するのは会計の構造を度外視した解釈であるといわざるをえない。財務諸表が単なる財務情報とは異なる会計固有の産出物である以上は、その解釈は利用目的に適合するようになされるだけではなく、財務諸表の動態論的な構造に結びつけてなされる必要がある。

　なお、動態論的構造と現実の世界との結びつきを可能にするためには、動態論的構造を現実の世界と結びつけることができるようなかたちへとさらに変形する必要がある。その変形のための会計に固有の論理を、以下では「意味構造化規則」と呼ぶことにする。この意味構造化規則は、企業資本の各種の循環プロセスに関わらせて認識されることになる。

II　資産の意味構造化規則

（1）資産の動態論的構造と企業資本の循環プロセス

　ひとくちに資産の動態論的構造といっても、「支出・未費用」、「支出・未収入」および「収益・未収入」という三つがあり、負債もまた、「費用・未支出」、「収入・未収益」、「収入・未支出」というように三つの構造がある[4]。これらの種類に応じて、資産、負債の理解のしかたも異なってくるはずである。資産、負債の動態論的構造に至るまでの論理的な道筋を明らかにするために、再び企業資本の循環プロセスをとりあげ、次に循環プロセスと動態論的構造と結びつける論理を復習しておく必要があろう。

　いま、資産に焦点を当てて企業資本の流れを、①営業循環プロセス、②内部投資循環プロセス、③外部投資循環プロセスの三つに分けてみていくことにする。ここで強調しておくべきことは「営業」、「内部投資」および「外部投資」

は実際の企業活動に即した分類であり，営業循環プロセス，内部投資循環プロセス，外部投資循環プロセスのどのプロセスに企業資本が投じられたかは経営者の意思決定の結果であるという点である。その意味では三つの循環プロセスは現実の企業活動との対応関係を十分にもたせた分類であるといえる。三つの循環プロセスについて簡単に確認しておくと，次のとおりである。

　①の営業循環プロセスは企業の主目的たる営業活動に対応する企業資本の動きである。商業の場合，資産については次のように表される[5]。

$$現金 \rightarrow 商品 \dashrightarrow 商品' \rightarrow 現金'$$

　この流れ図において，前半の（現金→商品）は投下過程であり，後半の（商品'→現金'）は回収過程である（なお，上付きのダッシュ（'）は利益を含むということを表している。以下，同じ）。

　②の内部投資循環プロセスは主として企業の生産設備等に投下される企業資本の動きである。これらは，次のような流れとして表される。

$$現金 \rightarrow 設備（生産手段） \dashrightarrow 商品'または製品' \rightarrow 現金'$$

　この流れ図においても，前半は投下過程であり，後半は回収過程である。ただし，後半の回収過程は営業循環プロセスの回収過程に合流することを表している。つまり，内部投資循環プロセスにおいて回収過程にある資産は，営業循環プロセスの回収過程にある資産に合体されて認識される。このことから，逆に，内部投資循環プロセスにある資産といえば，通常は（有形も無形も）投下過程にあると認識することができるのである。

　③の外部投資循環プロセスは，主として外部に派遣された企業資本の流れである。

現金→外部投資 ⇢ 外部投資' → 現金'
　　　　　　　↘ 利　息　等 → 現金'

　この循環プロセスについても，前半の投下過程と後半の回収過程の二つの過程を区別することができる。ただし，外部投資循環プロセスにおける回収過程にあっては，「元金の回収」と「利息の回収」が別々に行われる点で営業循環プロセスおよび内部投資循環プロセスにおける回収過程とは異なる。

　以上の流れ図から，次のことが指摘できる。
(1)　費用に関しては，解決，未解決を問わず，すべて，いずれかの循環プロセスにおける投下過程において発生すると認識される。
(2)　支出に関しては，既払，未払を問わず，すべて，いずれかの循環プロセスにおける投下過程においてなされると認識される。
(3)　収益に関しては，解決，未解決を問わず，すべて，いずれかの循環プロセスにおける回収過程において発生すると認識される。
(4)　収入に関しては，既入金，未入金を問わず，すべて，いずれかの循環プロセスにおける回収過程においてなされると認識される。

(2) 投下過程にある資産の未来の側面

　さて，三つの循環プロセスの流れ図から，ある種のパターンを認識することができる。すなわち，投下過程にある資産を動態論的構造で表すと，営業循環プロセスおよび内部投資循環プロセスのときには「支出・未費用」であり，外部投資循環プロセスのときには「支出・未収入」である。
　未費用あるいは未収入の「未」には「非」の意味も当然含まれているが，同時に「未来」の意味も含まれていると考えるのが自然である。そこで，未来の費用は＜未費用＞，未来の収益は＜未収益＞，未来の支出は＜未支出＞，未来の収入は＜未収入＞とすることができる。
　動態論会計における貸借対照表項目は未解決項目である。「未解決」は将来，

解決されるという内容が含まれている。例えば,「支出・未費用」と構造化できる資産の「未来の側面」は,回収過程に移行する前の投下過程における未解決の状態を表している。それ故,これらの動態論的構造の未来の側面に注目すると,次のようにパターンを認識することができるのである[6]。すなわち,各循環プロセスにおける投下過程にある資産は,

1 営業循環プロセスの場合には,　　＜未費用＞である。
2 内部投資循環プロセスの場合には,＜未費用＞である。
3 外部投資循環プロセスの場合には,＜未費用＞である。

なお,3の外部投資循環プロセスにおける資産の典型は投資有価証券,投資不動産,貸付金等である。投資有価証券や投資不動産は売却という事実が投下過程から回収過程に移るための要件と考えられる。このことは貸付金にも当てはまる。たまたま売却益が0という特殊な場合ではあるが,満期をもって債権の売却を認め,貸付金は回収過程に移行したとみなすのである。

そして,回収過程に移行するときの投下資本は売却によってもたらされる「売却収益」に対する犠牲分である費用となると考えることができる。それ故,外部投資循環プロセスにおける投下過程にある資産も「未費用」と表すことができる。この点については第9章の図9−4のパターンⅡを参照されたい。

(3) 回収過程にある資産の未来の側面

回収過程にある資産の構造は,営業循環プロセス,内部投資循環プロセスおよび外部投資循環プロセスのいずれの場合にも「収益・未収入」と表される。そこで,やはりこれらの動態論的構造の未来の側面をとりあげると,次のことが認識可能となる。「収益・未収入」と構造化できる資産に関して,未解決の内容を表す「未来の側面」は回収過程にあって入金前の状態(未収入)を表している。それ故,回収過程にある資産は,まとめて次のようにパターン認識することができる。

1 営業循環プロセスの場合には，　　＜未収入＞である。
2 内部投資循環プロセスの場合には　＜未収入＞である。
3 外部投資循環プロセスの場合には　＜未収入＞である。

　これは第12章の四元置換群の図12－1に当てはめると④の移行前の状態である。なお，上記（2）で述べたように，3の外部投資循環プロセスにおける資産の典型は投資有価証券，投資不動産，貸付金である。ここでも，投資有価証券や投資不動産等を売却したとき，売却という事実が投下過程から回収過程に移るための要件と考えている。
　そしてまた，このことは貸付金にも当てはまる。たまたま売却益が0という特殊な場合ではあるが，満期をもって債権の売却を認め，貸付金は回収過程に移行したとみなすのである。したがって，営業，内部投資，外部投資のいずれの循環プロセスにおいても回収過程にある資産はすべて「収益・未収入」と構造化されて，以上のようなパターン認識をすることが可能となる。この点についても第9章の図9－4のパターンⅡを参照されたい。

Ⅲ　負債の意味構造化規則

　次に負債の動態論的構造は「費用・未支出」,「収入・未支出」,「収入・未収益」である。負債についても，①営業循環プロセス，②内部投資循環プロセス，③外部投資循環プロセスという三つの循環プロセスに即して企業資本の流れを考えることができる。
　①の営業循環プロセスにおける負債は，次のような資金の流れの中で生じると考えられる。

　　　商品　→　支払義務　→　現金⁻　--→　現金'　→　給付義務'　→　商品'

　前半の投下過程において発生する支払義務は，商品が入ってきたが，代金の

支払が未だなされていないということを表しているから,「費用・未支出」と動態論的構造を示すことができよう。負債に焦点を当てて企業資本の流れを見てみると,この投下過程は支払をすることによって,義務が解消する過程でもある(なお,「現金」の上付きのマイナス記号(－)は現金の出を表す。以下,同じ)。

　これに対して後半の回収過程において発生する給付義務は,すでに代金を受け取っているが,未だ商品を引渡していないときに生ずる義務であり,「収入・未収益」と動態論的構造を示すことができる。やはり,負債に焦点を当てると,この過程は商品を引き渡すことによって義務が解消する過程である。

　②の内部投資循環プロセスも,負債に関しては次のような企業資本の流れの中でその発生を描くことができる。前半の投下過程において発生する義務は「費用・未支出」と動態論的構造をもつ。後半の回収過程において発生する義務は給付義務であり,「収入・未収益」と動態論的構造をもつ。

　　設備 → 支払義務 → 現金⁻ ⇢ 現金' → 給付義務' → 製品'
　　　　　　　　　　　　　　　　　　　　　　　　↘ 設備'

　③の外部投資循環プロセスにおいても,負債は次のように前半の投下過程において発生する義務と後半の回収過程において発生する義務という二つの義務の発生を含む企業資本の流れとしてとらえられる。したがって,前半は「費用・未支出」という動態論的構造をもち,後半は「収入・未収益」という動態論的構造をもつ。

　　有価証券 → 支払義務 → 現金⁻ ⇢ 現金' → 給付義務' → 有価証券'

　負債に関する外部投資循環プロセスは借入金のような,一般に財務(金融)活動と呼ばれる場合の企業資本の流れも含まれる。このときの流れは,次のように描くことができる。

第13章 財務諸表の意味づけ

　　　現金 → 支払義務 --▶ 支払義務（現金の引渡義務）→ 現金

　そして，このときの給付義務は，たまたま支払義務と同じく「現金」という資産の引渡義務を意味するために，表層的には「支払義務」とみなされやすい。しかし，深層的には上記の有価証券のときと本質的に変わりがなく，前半の支払義務は「費用・未支出」という動態論的構造をもち，後半の給付義務は「収入・未収益」という動態論的構造をもつ。給付義務を広義にとらえれば，財貨（財および貨幣）の引渡義務といえるので，その中に「現金」という貨幣の引渡義務も含むと考えることはもちろん可能である。そのことを踏まえて，投下過程において発生する現金の「支払義務」と回収過程において発生する現金の「引渡義務」はどちらも将来の現金の支出をもたらすものであるが，構造論的には区別する必要がある。

　通常の企業活動の場面では，給付義務の発生は，営業循環プロセスの場合に限られる。しかし，商品，設備，有価証券の流れと同じように「現金」を未払金で購入し，しかも，これらの商品，設備，有価証券，「現金」等は後に必ず転売されるものと擬制すれば，いずれの循環プロセスのときの図式もすべて次のように一般化することが可能となる。

　　　「資産」→ 支払義務 --▶ 給付義務 →「資産」

　この流れ図における投下過程の「資産」は未払金によって受け取った資産であり，「費用・未支出」を意味する。

　この「資産」は企業資本が回収過程に移行すると現金を回収するための価値犠牲分となるので「費用・未支出」と考えることができるのである。

　そして支払義務はそのときの未払金を表す。他方，回収過程の「資産」は引き渡されないかぎり給付義務を生じさせるのであるから「収入・未収益」と構造化できる。

以上から，負債が投下過程において発生するか，回収過程において発生するかということによって「費用・未支出」あるいは「収入・未収益」というように意味構造が異なることが理解される。貸借対照表に計上される負債も未解決項目であるので，未来の側面にその未解決の内容が含まれている。そこで，負債の動態論的構造における未来の側面に注目し，企業資本の循環プロセスに即して，意味づけをすると，次のようなパターンを認識することができる。すなわち，投下過程にある負債（支払義務）は，

① 営業循環プロセスの場合には，　　＜未支出＞　である。
② 内部投資循環プロセスの場合には，＜未支出＞　である。
③ 外部投資循環プロセスの場合には，＜未支出＞　である。

　また，回収過程にある負債（給付義務）は，

① 営業循環プロセスの場合には，　　＜未収益＞　である。
② 内部投資循環プロセスの場合には，＜未収益＞　である。
③ 外部投資循環プロセスの場合には，＜未収益＞　である。

　企業資本の循環プロセスに即したこれまでのパターン認識を基にして，財務諸表の未来の側面の意味構造を導き出す一般規則（ルール）を次のようにまとめることができる。

ルール
1　＜営業循環プロセス＞　　　＋＜投下過程＞→＜未費用＞
2　＜内部投資循環プロセス＞＋＜投下過程＞→＜未費用＞
3　＜外部投資循環プロセス＞＋＜投下過程＞→＜未費用＞
4　＜営業循環プロセス＞　　　＋＜回収過程＞→＜未収入＞
5　＜内部投資循環プロセス＞＋＜回収過程＞→＜未収入＞

6　＜外部投資循環プロセス＞＋＜回収過程＞→＜未収入＞

（負債：支払義務）
7　＜営業循環プロセス＞　　　＋＜投下過程＞＋＜義務＞→＜未支出＞
8　＜内部投資循環プロセス＞＋＜投下過程＞＋＜義務＞→＜未支出＞
9　＜外部投資循環プロセス＞＋＜投下過程＞＋＜義務＞→＜未支出＞

（負債：給付義務）
10　＜営業循環プロセス＞　　　＋＜回収過程＞＋＜義務＞→＜未収益＞
11　＜内部投資循環プロセス＞＋＜回収過程＞＋＜義務＞→＜未収益＞
12　＜外部投資循環プロセス＞＋＜回収過程＞＋＜義務＞→＜未収益＞

Ⅳ　経営者の意思決定と意味構造化規則

（1）経営者の意思決定と循環プロセス

　ところで，企業資本が営業循環プロセスおよび内部投資循環プロセスの二つのプロセスにあるのか，あるいはまた外部投資循環プロセスにあるのかの区別は，企業資本が当該企業の生産活動に参加しているかどうかをメルクマールにしてなされる。そして，資産の場合には，生産活動に参加しているかどうかの判定は，その所有目的を目安にしてなされる。

(i)　経営者の意思決定と資産

　資産の所有目的は，転売目的・消費目的・使用目的・外部投資目的・財務目的に分類されるのが普通である。ここであらためていうまでもないことであるが，所有目的は，経営者の意思決定のあらわれである。それ故，投下過程にある資産（「支出・未費用」）について所有目的と企業資本の循環プロセスを結びつけると，次のようなパターンを認識することができる。

① 営業循環プロセスの投下過程にある資産は，＜転売目的＞か＜消費目的＞
② 内部投資循環プロセスの投下過程にある資産は，＜長期使用目的＞
③ 外部投資循環プロセスの投下過程にある資産は，＜財務目的＞か＜金融目的＞

以上から，財務諸表上の資産について，所有目的に関する一般規則（ルール）を次のようにまとめることができる。

ルール
13 ＜転売目的＞/＜消費目的＞→＜営業循環プロセス＞+＜投下過程＞
14 ＜長期使用目的＞　　　　→＜内部投資循環プロセス＞+＜投下過程＞
15 ＜財務目的＞/＜金融目的＞→＜外部投資循環プロセス＞+＜投下過程＞

(ii) 経営者の意思決定と負債

負債については，給付義務および支払義務は，ともに営業循環，内部投資循環，外部投資循環のいずれのプロセスにおいても生ずる義務である。ただし，前述のように支払義務は投下過程において，給付義務は回収過程において生ずる。そして，支払先および給付対象が何であるかによって，どのような所有目的の資産にかかわって発生したものであるかが推定できる。

したがって，どの循環プロセスの投下過程あるいは回収過程にある資産に付随して発生した負債なのかがわかれば，どの循環プロセスの投下過程あるいは回収過程において生じた負債かを区別することができる。そして，経営者の意思決定と関連させて分類することができるのである。それ故，次のようなルールを「意味構造化規則」として定めることができる。

第13章 財務諸表の意味づけ

ルール
16 ＜転売目的＞／＜消費目的＞＋＜支払義務＞
　　　　→＜営業循環プロセス＞＋＜投下過程＞
17 ＜長期使用目的＞＋＜支払義務＞
　　　　→＜内部投資循環プロセス＞＋＜投下過程＞
18 ＜金融目的＞／＜財務目的＞＋＜支払義務＞
　　　　→＜外部投資循環プロセス＞＋＜投下過程＞
19 ＜転売目的＞／＜消費目的＞＋＜給付義務＞
　　　　→＜営業循環プロセス＞＋＜回収過程＞
20 ＜長期使用目的＞＋＜給付義務＞
　　　　→＜内部投資循環プロセス＞＋＜回収過程＞
21 ＜財務目的＞／＜金融目的＞＋＜給付義務＞
　　　　→＜外部投資循環プロセス＞＋＜回収過程＞

（2）外見的な特徴と循環プロセス

　以上のように資産については生産活動に参加しているかどうか，すなわち所有目的によって，負債については義務の相手先および給付対象によって企業資本が各循環プロセスのどの過程にあるのか，が区別される。この区別と「有形」か「無形」かという外見的な区別とを組み合わせると，資産および負債を形態別分類に組み替えることが可能となる。すなわち資産の場合には，次の22から27までのルールを定めることができる。

　なお，有形か無形かの区別が必要なのは各循環プロセスの投下過程における資産の分類のためである。回収過程における資産は，すべて無形の＜債権＞であるので，有形か無形かの区別を必要としないからである。

ルール
22 ＜商品＞／＜消耗品＞　　→＜転売目的＞／＜消費目的＞＋＜有形＞
23 ＜用役＞　　　　　　　　→＜転売目的＞／＜消費目的＞＋＜無形＞

203

24 ＜有形固定資産＞　　　→＜長期使用目的＞＋＜有形＞
25 ＜無形固定資産＞　　　→＜長期使用目的＞＋＜無形＞
26 ＜投資不動産＞　　　　→＜金融目的＞／＜財務目的＞＋＜有形＞
27 ＜有価証券＞／＜貸付金＞→＜金融目的＞＜財務目的＞＋＜無形＞

　負債は，義務ないし債務であるから，すべて＜無形＞である。そこで，どの循環プロセスの投下過程で発生したものか，回収過程で発生したものかによって形態別分類が可能となる。次の28から33までのルールを定めることが可能である。

ルール
28 ＜仕入債務＞→＜転売目的＞／＜消費目的＞＋＜支払義務＞＋＜無形＞
29 ＜前受金＞　→＜転売目的＞／＜消費目的＞＋＜給付義務＞＋＜無形＞
30 ＜未払金＞　→＜長期使用目的＞＋＜支払義務＞＋＜無形＞
31 ＜前受金＞　→＜長期使用目的＞＋＜給付義務＞＋＜無形＞
32 ＜借入金＞／＜未払金＞
　　　　　　　→＜金融目的＞／＜財務目的＞＋＜支払義務＞＋＜無形＞
33 ＜前受金＞　→＜金融目的＞／＜財務目的＞＋＜給付義務＞＋＜無形＞

（3）流動・固定の区分

　資産および負債についての「流動」,「固定」の区分は端的にいえば短期，長期の区別であるが，両者とも未来の側面における分類を表す。「流動」,「固定」の区分は，未来の側面だけにかかわりをもち，貸借対照表上に記載された内容が近い将来についての言明か，遠い将来についてのそれかという区分を示すのである。基本的には，この区分は純粋に投資家等の意思決定に役立つことを目的とした区分であり，財務会計の機能を考えるときの分類基準である。したがって，そもそも動態論における構造論的規則（意味構造化規則）である論理の体系では，機能論的な次元での流動（短期），固定（長期）の区別は重要な意

第13章　財務諸表の意味づけ

味を持たない。

　とはいえ，制度会計において，流動・固定の区分のための基準が，①正常営業循環基準と，②1年基準（ワン・イヤー・ルール）であることを考えると，営業循環プロセスに投下された企業資本は短期間に回収されると考えることができる。また，内部投資循環プロセスに投下された資本は長期使用目的（1年を超えて使用する目的）を前提としているということができる。ただ，外部投資循環プロセスに投下された資本については経営者の内心的な意思によって，長期か，短期かが決まるので，動態論では区別することはできない。

　なお，これまでの1から33までのルールの他に動態論的構造を導く固有の規則として「解決」に関する次のような一般的ルールをあげておく必要がある。これは第9章の定義4および定義5と定義2および定義3から導かれるルールである。

ルール
　　34　＜解決＞　＋　＜収入・未収益＞　→　＜収入・収益＞
　　35　＜解決＞　＋　＜支出・未費用＞　→　＜支出・費用＞
　　36　＜解決＞　＋　＜収益・未収入＞　→　＜収益・収入＞
　　37　＜解決＞　＋　＜費用・未支出＞　→　＜費用・支出＞

　前述のように，費用および支出に関しては，すべて，いずれかの循環プロセスにおける投下過程における「解決」のルールである。そして，収益および収入に関しては，すべて，いずれかの循環プロセスにおける回収過程における「解決」のルールである。

V　意味構造化規則の説例

　前節までの試みは，財務諸表の動態論的構造を各種の企業資本循環プロセスに即して深層構造の次元で解釈するための論理（意味づけ）を明らかにすることであった。

　ここで，資産を代表させて「建物」を説例としてとりあげ，また費用を代表させて「減価償却費」を説例としてとりあげ，それぞれの意味構造を解析するとともに意味構造を導くための意味構造化規則（変形規則）を具体的に検討することにする。「建物」は，いうまでもなく動態論上の「未解決項目」であり，「減価償却費」は「解決項目」である。

（1）有形固定資産（未解決項目）の意味構造化規則

　「建物」の動態論的構造が「支出・未費用」であるということは，財務諸表上の「建物」が既支出と未費用という時間区分を異にする二つの内容をもつ言明であることを物語る。しかし，こうした動態論的構造をそのまま現実の世界に結びつけることは動態論的な解釈とはいえない。動態論的な解釈では，さらに「支出・未費用」における「支出」は実際の ｜現金の過去の減少｜ ではなく，また，「未費用」も実際の ｜資本金の将来の減少｜ ではなく，企業資本が ｜内部投資で投下過程｜ にあり，｜有形で長期使用目的｜ の企業資本であるという意味づけをすることになる。

　かくして，財務諸表上の「建物」を動態論的に意味づけする行為は，「建物」の動態論的構造「支出・未費用」を，単純に「過去の支出」と「未来の費用」というように意味づけるのではなく，｜内部投資循環プロセス，投下過程，有形，長期使用目的｜ の企業資本という意味構造に変形していく過程を含むのである。こうした変形の過程は動態論的構造を企業資本の循環プロセスに即して説明するときの論理の過程である。

　｜内部投資循環プロセス，投下過程，有形，長期使用目的｜ の要素のうち，

第13章 財務諸表の意味づけ

内部投資および長期使用目的は経営者の意思決定の結果である。どの企業資本の循環プロセスに企業資本を投下したかは経営者による意思決定のあらわれであり，したがって，具体的な企業活動の分類である。動態論的解釈は，結局，実際の企業活動を企業資本循環プロセスに即して読み替え，その読み替えと財務諸表の動態論的構造とを結びつけることであり，深層構造の次元で財務諸表を現実の企業活動（経営者の意思決定）に結びつけて解釈することなのである。

要するに，財務諸表の深層構造の次元での構造論的解釈は，第9章で検討した「動態論的構造化規則」によって導かれた財務諸表の動態論的構造を，企業資本の循環プロセスを媒介にして企業活動と結びつけるための「意味構造化規則」（意味づけのための論理）を会計独自の方法で実行することであるといえる。

さて，有形固定資産（建物）の動態論的構造（「支出・未費用」）が意味構造（｛内部投資循環プロセス，投下過程，長期使用目的，有形｝）へと導かれる過程は図13－1のように示される。

```
              建　物
           ／        ＼
         支出        未費用
              ／        ＼
         投下過程      内部投資
                       循環プロセス
              ＼        ／
              長期        有形
              使用目的
                  ＼    ／
                有形固定資産
```

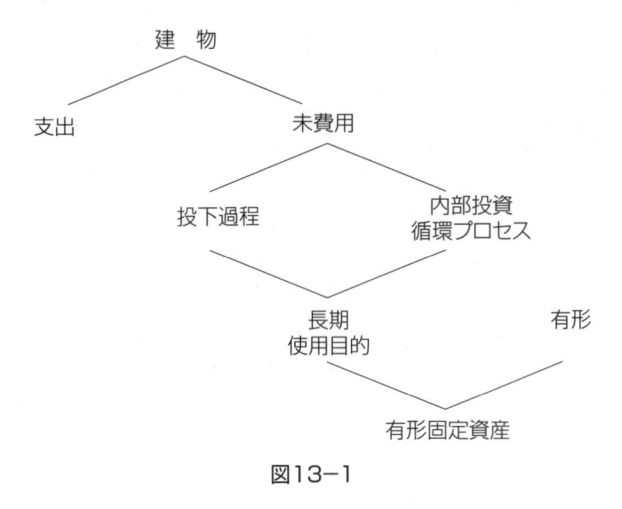

図13－1

図13－1は，第10章の図10－19の企業資本勘定における点線より上の部分に対応するものである。この解析図（図13－1）から明らかなように，「建物」の意味構造化規則は次の③，④，⑤である。①および②は動態論的構造化規則を意味する。

207

①＜「建物」＞→＜支出＞＋＜未費用＞……………（動態論的構造化規則）
②＜未費用＞→＜投下過程＞＋＜内部投資循環プロセス＞
　　　　　　　　　　　　　　　　　……………（動態論的構造化規則）
③＜内部投資循環プロセス＞＋＜投下過程＞→＜未費用＞…………ルール2
④＜長期使用目的＞→＜内部投資循環プロセス＞＋＜投下過程＞…ルール14
⑤＜有形固定資産＞→＜有形＞＋＜長期使用目的＞………………ルール24

　上記の①および②は動態論的構造化規則であり，③，④，⑤が意味構造化規則である。したがって，③から⑤までの過程はまさに動態論的構造を出発点にして，企業資本の循環プロセスを媒介にして，その意味づけをする論理の展開を表している。

（2）減価償却費（解決項目）

　減価償却費の意味構造は ｜内部投資プロセス，投下過程，解決，有形，長期使用目的｜ と考えることができる。その意味構造を導く論理過程を図示すると，

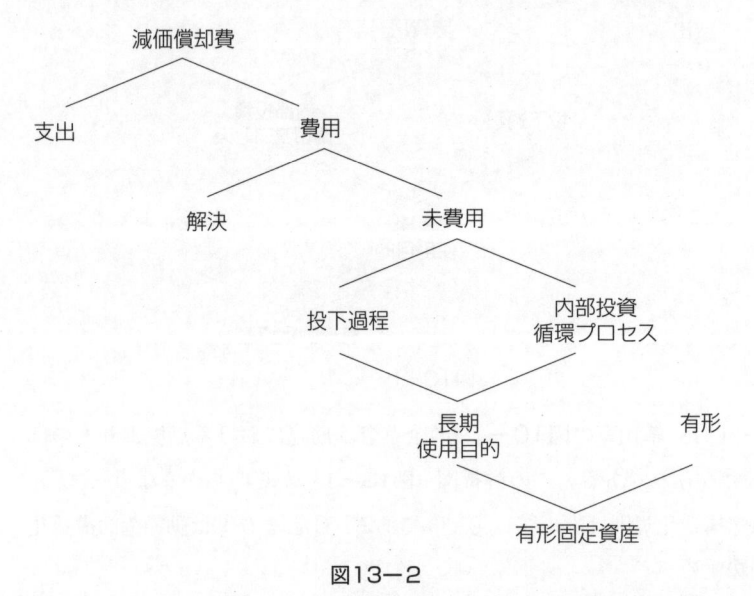

図13-2

第13章　財務諸表の意味づけ

図13-2のようになる。

ここでの意味構造化規則（変形規則）は次のとおりである。

① ＜減価償却費＞→＜支出＞＋＜費用＞　　　（動態論的構造化規則）
② ＜費用＞→＜解決＞＋＜未費用＞　　　　　（動態論的構造化規則）
③ ＜未費用＞→＜投下過程＞＋＜内部投資循環プロセス＞
　　　　　　　　　　　　　　　　　　　　　（動態論的構造化規則）
④ ＜内部投資循環プロセス＞＋＜投下過程＞→＜未費用＞………ルール2
⑤ ＜長期使用目的＞→＜内部投資循環プロセス＞＋＜投下過程＞
　　　　　　　　　………………………………………………ルール14
⑥ ＜有形固定資産＞→＜使用目的＞＋＜有形＞………………ルール24

　図13-2は図10-20の企業資本勘定における点線より下の部分を解析したものである。前述の「建物」のときの図13-1と比較すると図13-2では、②において、未来の側面である＜未費用＞が解決したため減価償却という＜費用＞に変化したことが示されている。すなわち、この場合の「解決」は発生であり、＜支出・未費用＞から＜支出・費用＞に移行した（図10-20における点線の上の部分から下の部分にシフトした）ことを意味している。（第9章の定義4の③と定義2の③を参照されたい）

（注）
（1）例えば、岩田　巌『利潤計算原理』同文舘、1971年（第8版）、167頁参照。
（2）こうした説明として、例えば、J.F.Weston, E.F.Brigham, "Essentials of managerial Finance", 3rd ed., 1971, chap. 3. とくに 'Debt to total assets' の説明等を参照されたい。
（3）cf. J. W. Pattillo, "The Foundation of Financial Accounting", 1965, pp. 56-57, pp. 60-61.
（4）vgl. E. Schmalenbach, "Dynamische Bilanz", 13. Aufl., 1962, S. 72. なお、＜収益・未費用＞は＜支出・未費用＞に、＜費用・未収益＞は＜費用・未支出＞に含めてい

る。
(5) 以下の企業資本循環プロセスの流れ図は企業資本の流れを表層的に描いたものである。第9章の**図9-4**において，深層構造の次元で描いた企業資本の流れと比較されたい。
(6) パターン認識の考え方については，Y. Ijiri, "The Faundation of Accounting Measurement - A Mathematical, Economic, and Behavioral Inquiry-", 1977, pp. 14-15, pp. 80-84. に負うところが大きい。

索　引

【あ行】

1 年基準 …………………………… 205
一面的認識 ………………………… 32
一致の原則 ………………………… 165
意味構造化規則 …………………… 193
因果的簿記 ………………………… 131
運用形態 …………………………… 18
運用形態＝調達源泉 ……………… 62
運用面 ……………………………… 18
営業活動 …………………………… 72
営業循環プロセス ………………… 70
オンバランス化 ……………… 169, 173

【か行】

解決の時間の幅 …………………… 130
回収過程 …………………………… 75
外部投資循環プロセス …………… 70
確実性 ……………………………… 187
確定性 ……………………………… 187
「過去現金」勘定 ………………… 149
過去現金元帳 ……………………… 148
「過去資本」勘定 ………………… 151
過去資本元帳 ……………………… 148
過去収支計算書 …………………… 155
過去損益計算書 …………………… 155
貸方 ………………………………… 15
価値犠牲分 ………………………… 28
貨幣性資産 ………………………… 76
貨幣評価の公準 …………………… 4
借方 ………………………………… 15

「借方と貸方の間にプラス・マイナスの
　関係がある」とするルール ……… 43
勘定 ………………………………… 7
勘定による計算 …………………… 11
期間の幅 …………………………… 116
期間の報告書 ……………………… 118
企業実体の公準 …………………… 1
企業資本循環プロセス …………… 127
企業資本等式 ……………………… 62
企業資本の増減 …………………… 29
企業簿記 …………………………… 6
機能論的解釈 ……………………… 192
キャッシュフロー計算書 ………… 155
給付義務 …………………………… 198
経営者稼得分 ……………………… 24
経済的事象 ………………………… 1
経済的便益 ………………………… 163
継続企業の公準 …………………… 3
「決算残高」勘定 ………………… 107
決算集合勘定 ……………………… 108
現金同等物 ………………………… 76
交換 ………………………………… 33
交換取引 …………………………… 33
合計残高試算表 …………………… 109
合計試算表 ………………………… 111
構造論的解釈 ……………………… 192

【さ行】

債権者受入金 ……………………… 24
債権者保護 ………………………… 52
債権者持分 ………………………… 49

債権者与信分 ………………… 25, 26	収支計算 …………………………… 82
財産法による利益計算 …………… 87	収支計算書 ………………………… 155
財産目録的解釈 …………………… 124	収支計算と損益計算の二元的計算 …… 137
財務会計における記録規則 ………… 12	収益概念の拡大 …………………… 179
財務会計における計算規則 ………… 7	純資産 ……………………………… 41
財務活動 …………………………… 73	純資本 ……………………………… 47
財務諸表の日付 …………………… 101	将来のキャッシュインフローに
先物売渡契約 ……………………… 167	貢献する能力 ………………… 159
先物買付契約 ……………………… 167	ストックについての報告書 ……… 106
作成日指示機能 …………………… 103	成果分 ……………………………… 28
作成日としての確定日 …………… 104	正常営業循環基準 ………………… 205
作成日としての基準日 …………… 103	静態論 ……………………………… 124
残高 ……………………………… 42, 119	責任限定日指示機能 ……………… 104
残高試算表 ………………………… 112	「損益」勘定 ……………………… 108
残余財産分配権 …………………… 51	損益計算 …………………………… 82
事業主受入金 ……………………… 22	損益計算等式 ……………………… 86
事業主拠出分 …………………… 25, 26	損益法と財産法の相互補完性 …… 88
事業主持分 ………………………… 49	損益法による利益計算 …………… 86
自己増殖運動 ……………………… 69	【た行】
自己増殖分 ………………………… 25	
資産 ………………………………… 27	対応関係 …………………………… 57
資産＝資本 ………………………… 58	対応関係と対照表示 ……………… 59
資産概念の拡大 …………………… 178	貸借対照表等式 …………………… 48
試算表 ……………………………… 109	棚卸法に基づく財産法 …………… 91
時点の幅 …………………………… 116	単式簿記 …………………………… 5
時点の報告書 ……………………… 118	単式簿記（一面的認識）による
支払義務 …………………………… 197	利益計算 ……………………… 92
資本 ………………………………… 28	調達源泉 …………………………… 18
資本＝資本（具体＝抽象）………… 60	調達面 ……………………………… 18
資本充実・維持の原則 …………… 53	Tフォーム ………………………… 9
資本等式 …………………………… 42	投下過程 …………………………… 75
収益 ………………………………… 28	等価交換 …………………………… 36
収益費用対応の原則 ……………… 162	投資活動 …………………………… 72
収益力要因 ………………………… 163	動態論 ……………………………… 121

索　引

動態論会計	121
動態論的構造	121
動態論的構造化規則	127, 139
動態論的構造勘定	149
動態論における「未解決」	128
動態論における解決	127
動的貸借対照表	121
動的貸借対照表の静態論的解釈	124
動的貸借対照表の動態論的解釈	125
取引	29
努力分	28

【な行】

内部投資循環プロセス	70
二元的分類	17
二面性（duality）	17
二面的認識	17
認識時期の早期化	179

【は行】

配当可能額	53
引渡義務	199
日付の内容指示機能	102
「一つの計算対象について一つの勘定が用意される」というルール	44
費用	28
評価益	186
費用性資産	76

ファイナンス・リース取引	167
複式簿記	5, 6
複式簿記（二面的認識）による利益計算	95
負債	27
負債概念の拡大	178
不等価交換	36
フローについての報告書	106
分類的簿記	132
返済請求権	51

【ま行】

未解決の時間の幅	130
「未来現金」勘定	151
未来現金元帳	148
「未来資本」勘定	149
未来資本元帳	148
未来収支計算書	154
未来損益計算書	154
持分	49

【や行】

誘導法に基づく財産法	89
用役潜在性	161

【わ行】

ワン・イヤー・ルール	205

[初出一覧]

第1章 『簿記学』同文舘出版，第1章，2002年。「複式簿記の根本原則に関する問題提起」（瀧田輝己編著『複式簿記―根本原則の研究―』白桃書房，2007年，所収（第1編））。

第2章 「有価証券の評価について―企業資本循環過程の観点から―」『三田商学研究』第47巻 第1号，2004年4月。『簿記学』同文舘出版，第1章，2002年。

第3章 「複式簿記の根本原則に関する問題提起」（瀧田輝己編著『複式簿記―根本原則の研究―』白桃書房，2007年，所収（第1編））。

第4章 「『純資産』についての一考察」（笠井昭次先生古稀記念論作集編集委員会『笠井昭次先生古稀記念論文集』慶應義塾大学出版会，2009年，所収（第1部））。

第5章 「『純資産』についての一考察」（笠井昭次先生古稀記念論作集編集委員会『笠井昭次先生古稀記念論文集』慶應義塾大学出版会，2009年，所収（第1部））。

第6章 「有価証券の評価について―企業資本循環過程の観点から―」『三田商学研究』第47巻 第1号，2004年4月。

第7章 『簿記学』同文舘出版，第3章，2002年。「複式簿記の根本原則に関する問題提起」（瀧田輝己編著『複式簿記―根本原則の研究―』白桃書房，2007年，所収（第1編））。

第8章 「監査基準としての時間概念―財務諸表の日付についての考察―」『経済経営論叢（京都産業大学）』第22巻 第4号，1988年3月（『監査構造論』千倉書房，1990年，第7章に転載）。

第9章 「監査基準としての時間概念―財務諸表の深層構造としての時間―」『経済経営論叢（京都産業大学）』第23巻 第1号，1988年6月（『監査構造論』千倉書房，1990年，第8章に転載），前半部分。

第10章 「監査基準としての時間概念―財務諸表の深層構造としての時間―」

初出一覧

　　　『経済経営論叢（京都産業大学）』第23巻　第1号，1988年6月（『監査構造論』千倉書房，1990年，第8章に転載），後半部分。
第11章　「実現概念拡大の会計構造論的解釈」（山桝忠恕先生十三回忌追悼論文集編集委員会『山桝忠恕先生十三回忌追悼論文集』税務経理協会，1996年，所収（第13章）），後半部分。
第12章　「実現概念拡大の会計構造論的解釈」（山桝忠恕先生十三回忌追悼論文集編集委員会『山桝忠恕先生十三回忌追悼論文集』税務経理協会，1996年，所収（第13章）），前半部分。
第13章　「監査における時間概念―財務諸表の意味構造規則としての時間―」『会計』第135巻　第5号，1989年5月（『監査構造論』千倉書房，1990年，第9章に転載）。

　各章の初出論文等は『財務会計論』として体系的な説明になるように，いずれも大々的に加筆および修正をしている。

著者紹介

瀧田　輝己（たきた　てるみ）

略　歴
　　1972年　慶應義塾大学商学部卒業
　　1978年　慶應義塾大学大学院商学研究科博士課程単位取得
　　1993年　博士（商学）（慶応義塾大学）
　　1996年　税理士試験委員（1998年まで）
　　1997年　日本監査研究学会理事（2000年まで）
　　1999年　日本簿記学会理事（2002年まで）
　　2003年　日本会計研究学会評議員（2015年まで）
　　2006年　日本会計研究学会理事（2009年まで）
　　2009年　日本会計研究学会　学会賞および太田・黒澤賞審査委員（2012年まで）
　　2011年　日本簿記学会理事（2014年まで）
　　現　在　同志社大学商学部教授
　　　　　　同志社大学大学院商学研究科博士前期課程教授
　　　　　　同志社大学大学院商学研究科博士後期課程教授
　　　　　　公認会計士・税理士

著　書（単著のみ）
　　　　『監査構造論』千倉書房，1990年
　　　　『監査機能論』千倉書房，1992年（日本公認会計士協会第22回学術賞受賞）
　　　　『財務諸表論［総論］』千倉書房，1995年
　　　　『財務諸表論［各論］』千倉書房，1996年
　　　　『簿記学』同文舘出版，2002年
　　　　『体系監査論』中央経済社，2014年（日本内部監査協会2015年度青木賞受賞）

翻訳書（単訳書のみ）
　　　　James C. Gaa 著　『会計倫理』同文舘出版，2005年

著者との契約により検印省略

平成27年10月15日　初　版　発　行　　　　　**財務会計論**

著　者	瀧　田　輝　己
発行者	大　坪　嘉　春
印刷所	税経印刷株式会社
製本所	株式会社　三森製本所

発行所　〒161-0033　東京都新宿区下落合2丁目5番13号　株式会社　税務経理協会

振　替　00190-2-187408　　電話　(03)3953-3301（編集部）
Ｆ Ａ Ｘ　(03)3565-3391　　　　　　(03)3953-3325（営業部）
URL　http://www.zeikei.co.jp/
乱丁・落丁の場合は，お取替えいたします。

© 瀧田輝己 2015　　　　　　　　　　　　　　　　　Printed in Japan

本書の無断複写は著作権法上での例外を除き禁じられています。複写される場合は，そのつど事前に，(社)出版者著作権管理機構（電話 03-3513-6969，FAX 03-3513-6979, e-mail：info@jcopy.or.jp）の許諾を得てください。

JCOPY　＜(社)出版者著作権管理機構　委託出版物＞

ISBN978-4-419-06285-9　C3034